幽默諮商

管秋雄　著

作者簡介_____

管秋雄

學歷

國立彰化師範大學諮商與輔導學系：學士、碩士、博士。

曾任

台中市私立宜寧中學：專任輔導教師（二年）
彰化縣立永靖國民中學：專任英語教師，兼任導師（八年）
台南縣南榮工商專科學校：專任助理教授，兼任輔導中心主任（一年）。

現任

彰化縣中州技術學院：專任助理教授。
國立彰化師範大學：兼任助理教授。

作者序

　　在經過十多年的諮商與輔導學習，以及多年實務工作之後，對於諮商總有這麼一個刻板印象存在，亦即諮商是一個很嚴肅的工作。然而在經過幽默諮商洗禮之後發現：事實上諮商工作不見得要如此嚴肅，其實它可以是很輕鬆、很愉快地讓當事人獲得領悟與改善。誰說治療性的改變，必須在嚴肅的氣氛下達成？這本書的撰寫，其實就是在這個理念下完成的。

　　幽默諮商是一種另類的諮商方法，諮商員可以藉著幽默的運用達到治療的效果。除此之外，諮商員也可以透過幽默來增強自己的適應能力。全書分成四篇十三章。第一篇理論篇，主要是探討有關幽默與幽默諮商理論的部分，計有五章。第二篇實務篇，主要探討有關諮商員如何在諮商情境應用幽默，計有四章。第三篇倫理篇，主要是描述諮商員在諮商過程中使用幽默技術時，應遵守的倫理規範，以避免幽默的濫用，計有二章。第四篇幽默諮商的訓練與研究發展，主要是探討幽默技術之訓練，以及在諮商領域中關於幽默研究的發展歷史，計有二章。

　　幽默是人類高度認知的表現，是人類社會一項寶貴資產。或許我們該好好地靜下心來思考，究竟該如何運用這項僅有人類才擁有的能力。幽默諮商其實只是在眾多領域中運用幽默的一例，幽默尚有許多未經開發的潛能。我們期待本書的出版可以吸引更多的人，投入這個亟待開發的領域。

最後，感謝博士班指導教授蕭文老師，帶領我進入幽默諮商的領域當中；也感謝心理出版社能夠將本書出版。

目　錄

第一篇　理論篇

第四篇　幽默的訓練與研究發展篇

理論篇

1

緒　論

　　「幽默」究竟是什麼？具有哪些特質可以讓諮商員將它應用在諮商中？什麼又是「幽默技術」？諮商員究竟該如何在諮商中使用它？「幽默諮商」所指的是何種諮商理論，或者是何種諮商方式？這一連串的問題，我們將在本書提供給讀者一部分的答案。其餘的就有待讀者在閱讀過本書之後，自行思考在諮商工作當中，如果使用幽默技術時，可能會面臨哪些問題，並為自己的問題提供解答。畢竟對於幽默的看法有相當的歧異性，再者諮商的過程本身就具相當個別差異性，我們無法複製另外一位諮商員的諮商方式；即使是同一位諮商員，在與兩位不同當事人進行晤談時，也不可能以相同的諮商方式來進行。更何況本書所要探討的是幽默諮商！截至目前為止，在諮商與心理治療界對幽默諮商的涵意

與見解，並未取得共識。因此，有關幽默諮商，我們也僅能提供部分的答案；至於其他的部分，就有賴讀者的智慧自行去挖掘。

關於幽默，Mosak（1987）曾經提出三種看法：**第一，幽默可以使人獲得鬆弛（released）；其次，幽默是一種自我貶抑（self-disparagement），因而使對方獲得優越感的過程；第三，幽默是一種不一致的、誇大的，以及一種對非預期結果的反應。**當然這三種看法，並無法完全說明什麼是幽默，幽默究竟又具有什麼特質，可以讓諮商員將其應用在諮商工作中。Ellis（1977）這位合理情緒療法（RET）的始祖曾提到：人類在認知上、情緒上與行為上對自己造成困擾。藉著相同的要素，良好的心理治療也可以使用包含認知、情緒與行為的方法來協助人們，藉以改變人們的基本人格問題；由於幽默本身的特質，能在這三個基本面執行改變工作。**從認知面說，它能以具洞察性及一舉命中的方式，呈現給抱持絕對主義與固執的當事人另類觀念。以情緒面言，幽默帶來愉悅與歡笑，且令生活看起來更有價值，再者幽默也能戲劇化地突破意氣消沉與了無生趣。從行為面談，幽默鼓勵徹底不同的行動方式。**若從幽默本體而論，則包含了焦慮降低活動，以及可散發出閒情逸致的氣息。**由於幽默能夠同時提供多重的意義與衝擊，很自然地成為臨床上使用的技術。**Schnarch（1990）就曾提到：「由於多數系統模式大都屬於多重決定性，因此，在臨床上最理想的治療方法就是以單一的處遇（intervention），而且具有多重衝擊，並且能夠適配每一相關向度，而不僅是一系列無目標性的處遇」。

長期以來，諮商員大都承認幽默在諮商歷程中的重要性，而且也有不少實務工作者以非系統方式將幽默運用於諮商工作裡

（Klein, 1974）。但是幽默在諮商與心理治療界，截至目前尚未形成有系統的理論（Cassell, 1974）。除了因為幽默概念缺乏具體性、結構性之外，臨床研究結果的不一致也是重要影響因素。再者，對於幽默該如何介入諮商情境，以及在何種情境之下可以介入，也未得到一致的看法；換言之，就是諮商員該如何掌握適切的時機，才能將幽默介入諮商過程，使其發揮最大的功效？

　　雖然在諮商與心理治療領域相關的期刊與雜誌中，自一九七〇年開始，就已經零星出現有關幽默在諮商領域的應用這個主題（Fry, 1987），但卻是一直到一九八〇年以後，期刊與其他的研究，才特別地考慮幽默在諮商中應用的問題（Salisbury, 1990）。在過去二十年裡，有關於幽默在諮商中應用的文獻，相較於其他的研究，顯得相當稀少（Salisbury, 1990；蕭文，民 89）。在這幾年間，有關幽默在諮商與心理治療領域中的研究，所累積的文獻並不太多。造成這種現象的主要原因，除了幽默這個概念缺乏具體性與結構性（Gladding, 1991; Ness, 1989），因此常被研究者所忽視之外，也與心理學以及諮商領域中研究方法的發展有極大的關聯。對於這種現象，蕭文（民 89）曾經指出：過去諮商員在諮商歷程中，多半避免使用幽默，因為無法預期會產生什麼樣的結果；並且在諮商員教育訓練中，也幾乎不會正面去觸及這個主題，因為我們相信幽默無法訓練。

　　在過去，無論是從事諮商實務的專業人員或者是從事諮商研究的學者，大多強調在諮商歷程中，諮商關係與諮商技術對諮商結果的重要影響。在諮商領域中，這種對諮商效能與技術的重視，受到認知心理學發展的衝擊，因而促成研究人員對諮商歷程研究

的風潮。其間諮商員的說話方式、語言內容、當事人對諮商員處遇的反應,以及諮商歷程中的脈絡分析逐漸地受到重視(Hill & Corbett, 1993)。隨著諮商歷程研究的蓬勃發展,諮商與心理治療學界開始注意到諮商或心理治療過程中所發生的幽默現象,以及幽默在諮商與心理治療上的應用。

　　大多數探討諮商情境中使用幽默的文獻,都來自於對個案研究的臨床經驗,或者是根據治療者個人意見的表達而已(Bennett, 1996; Brown, 1980; Dimmer, Carroll, & Wyatt, 1990; Greenwald, 1975; Haig, 1986)。在心理治療領域中,有關幽默的研究方面有兩大趨勢:**第一,以心理分析為導向的研究類型。這種研究有時候是屬於軼聞趣事的描述,比較缺乏系統的研究方法或理論化的概念,在本質上屬於「推論」**。雖然了解將幽默作為治療的媒介有其用處及利益,但是並無特別直接或實證的資料說明:「如何在心理治療中應用幽默?」;**第二,以非心理分析為導向的研究類型**。在這種研究趨勢下,出現少數但卻相當重要的一些未出版博士論文。通常這種研究方法是以實證為基礎,並將焦點置於治療情境中幽默的特殊且可辨識的角色上。這種研究類型,本質上是屬於一種探索式的研究(Salameh, 1983)。

　　在諮商與心理治療領域中,多數諮商員認為幽默在諮商歷程中有其重要性,但是仍有部分學者對於幽默應用於諮商中,抱持反對的意見,其中尤以 Kubie(1971)最為突出。從 Kubie 的反對意見來看,主要是圍繞在三個主題上:**首先就是治療師所散發出來的幽默,可能阻礙當事人進行自由聯想**;因此,導致當事人有一種迷惑:「究竟治療師是嚴肅的、嘲弄的、開玩笑的,或是在

隱藏他的敵意？」。第二，**幽默可能被治療師利用來作為自我表現（self-display）的一種工具，或者是一種對抗自己心理痛苦的防衛方式**。其三，**幽默也可能令治療師的自我覺察（self-observing）以及自我校正（self-correcting）功能減弱**（Killinger, 1987）。

　　除了對幽默介入諮商歷程意見上的差異之外，關於幽默是否為可以經由學習而獲得的能力，也有不同的見解。部分學者認為幽默是一種天賦能力，無法經由學習或訓練來獲得（Powell & Andresen, 1985）；也有部分學者以為幽默是可以經由培養而得的能力（Crabbs, Crabbs & Goodman, 1986; Goodman, 1983; Kelly, 1983; Leon, 1986; Ness, 1989）。因此，關於幽默是否為可經由學習而得的能力，也尚未有一致的結論。在既有的文獻當中，關於教育或訓練諮商人員如何使用幽默技術的訊息也相當稀少（O'Maine, 1994）。造成這種現象的可能原因是：**第一，諮商教育人員或許不太確定該如何將幽默融入教育的過程中；第二，他們可能對於幽默創造，以及幽默的表達或溝通之間的不同，產生誤解；第三，諮商教育人員對於幽默的價值在諮商人員訓練與教育內容中所持的態度，可能抱著嚴重懷疑，或持較保留的看法**（Ness, 1989）。

　　雖然幽默在諮商歷程的應用仍存在著爭論，但卻有逐漸增加的證據顯示：有愈來愈多的諮商員將幽默應用於諮商中（Bennett, 1996）。經實證研究結果顯示：幽默是一種高層次的心理歷程。在諮商過程中，透過幽默的運用，可以促進諮商的進行、增進諮商員與當事人之間的關係、減低焦慮、成為評估自我的一種依據；諮商員也可以透過幽默的應用，幫助當事人以更積極的態度去思考所面臨的問題。除此之外，諮商員也可將幽默視為處遇的技巧，

特別是針對某些特殊的個案（如：非自願性轉介個案、不合作的個案）、具有特殊的問題（如：自殺），以及情境因素的個案（如：憂鬱症或焦慮症）。研究顯示這些具有特殊問題的個案心中似乎都有些障礙，需要一些特殊方法來協助他們，而幽默的運用正是其中的一個方法（蕭文，民 89）。

　　我們期待透過本書的介紹，能夠將幽默諮商真實地呈現給有興趣將幽默應用在諮商歷程的諮商員參考。因此，在撰寫本書時，特別從諮商員使用技術的觀點來編排本書的章節。至於本書內容則是筆者蒐集幽默相關文獻與資料加以整理，以及筆者在求學期間利用實證研究方法，探討諮商過程中諮商員如何應用幽默技術的博士論文所發現的結果，予以結合而成。

2

幽默概念

第一節　幽默的觀點

幽默是人際互動中相當普遍的現象，因此，在對幽默的見解上，也呈現出多樣的觀點。不同學科領域的學者依其立論角度，對幽默這個現象提出各自的看法；甚至在相同領域下，不同學者也根據幽默的不同角度，提出各家對幽默的見解。McGhee（1983）就指出，企圖解釋幽默現象的學者，大都將焦點置於認知的、社會的、情緒的、語言的、心理動力的、社會學的或人類學的變項上。例如社會學家在檢視幽默時，強調其社會脈絡，一般就是企圖將已建立完整的社會學慣例應用於幽默，而非延伸出

新的理論。在這個領域中，研究幽默的主題有：幽默與社會角色的關係、笑話關係的本質、幽默表達的脈絡規則、以美學方法研究對話中的幽默與笑、幽默與團體文化、參照團體理論、幽默與少數民族的關係，以及幽默與社會控制（Fine, 1983）。

在心理學相關領域中，較常見的觀點有**將幽默視為一種人格特質、心理健康的表徵、生活態度、溝通型態、個人的能力，以及一種防衛機轉**等等。如 Plato、Aristotle、Hobbes 以及 Rosseau 將幽默視為一種人格特質（蕭颯、王文欽、徐智策，民 84）。Derks（1996）也指出對於幽默的探討，首先而且最重要的一步即是以人格加以界定。研究者透過幽默刺激的內容，將幽默與人格連結起來。

O'Connell（1987）認為「對於幽默的使用，其實最根本的所在，就是個人與他自己追求正向自我認證（ego-identity）之間的嬉戲」。O'Connell 也指出，幽默感是一種防範自己陷入個人心理慣性（mental ruts）的能力；它是一種能讓個人看到事物相反的一面，並能覺察自身反面的特質（Joseph, 1995）。

Allport（Foster & Reid, 1983）與 Ellis（1977）認為幽默除了是表示人格成熟的象徵之外，也是心理健康不可缺少的要素之一。

Herb 則認為幽默是一種特性，能夠引發喜悅、帶來歡樂，或以愉快的方式娛人（鄭慧玲，民 83）。

蕭颯等人（民 84）則以為幽默的一般涵意是反映人類在笑自身，以及人類在建造社會時所感到的樂趣；幽默是指人們理解，以及表達可笑的事物，或使他人發笑的一種才能、一種生活藝術。

Brown（1980）則認為幽默可被視為發生在某一個特定社會脈

絡（social context）下的溝通型式之一。

　　Freud則認為病人在治療過程中使用幽默，是一種對敵意的、與性有關的、攻擊的、衝動的防衛；並解釋病人在分析過程中使用幽默，是一種抗拒承認自己對治療者的憎恨情緒（Mosak, 1987）。

　　Salameh（1987）則從治療的角度談幽默。他指出：**幽默是一種存在的方式、一種態度、一種需要融合在諮商員個人理論參考架構的技術性工具。**

第二節　幽默的意義與本質

　　許多研究幽默的學者均認為要將幽默下個明確的定義並非易事（Bennett, 1996）。除了幽默這個概念相當複雜之外，關於幽默的定義，有一個很明顯且令人感到困惑的問題，即：幽默應該被視為一種刺激、一種反應或一種氣質（Chapman & Foot, 1996）？Brown（1980）也指出：在幽默定義上的困難，可藉著許多的形容詞，以及和幽默這個術語相關聯的項目來舉證，如：詼諧的（comical）、有趣的（funny）、荒謬的（nonsensical）、歡笑的（mirth）、機智的（witty）、諷刺的（satirical）、滑稽的（ludicrous）、古怪的（whimsical）、鬧劇的（farcical）、可笑的（laughable）等；並且指出幽默這個概念，要能夠讓人更清楚地了解，應該用具體而且以這些術語的特殊建構來定義。甚至McGhee與Goldstein（1983）在編輯 *Handbook of humor and rese arch* 一書時，並不特別對幽默下定義，他們認為不可能找到一種所有研究者共同接受的定義。關於幽默各有各的理解和說法，若細加分析，大體上可將其分成兩類：**一類是主張把所有逗笑的事物都叫幽默，此派的主張可稱作廣義的幽默**。英美的說法屬於這一派，例如在一般的英文辭典中對幽默的解釋是「滑稽、可笑、有趣」。**另一類將幽默與博君一笑的滑稽、逗樂加以區別，此派的主張可稱為狹義的幽默**。日本和中國的說法屬於此派，例如國語辭典即注釋為「指一種含蓄而充滿機智的辭令，可使聽者發出會心的一笑。」（蕭颯等人，民 84）

幽默這個概念所涵蓋的範疇相當廣泛。學者們在探討幽默這個概念時，各自從幽默的不同層面去論述。有的人認為幽默是一種哲學，有的人認為是一種智慧，也有人認為幽默就是一種能使人產生愉快的感受。之所以會有這些不同的看法，似乎與幽默出現的時機與所欲達成的目的有關（蕭文，民 89）。因此，幽默的本質究竟所指為何？實在難以明確描述。如 Freud 從**個人使用幽默的動機來看待幽默。他認為幽默是紓解攻擊驅力一種較安全的管道，而且是一種積極的防衛方式**（Bennett, 1996; Olson, 1996）；**並且認為幽默是一個人拒絕個人痛苦的成熟能力，以及快樂原則喜悅的表徵**（Brown, 1980; Salisbury, 1990）。對此，Freud 在 *Jokes and their relation to the unconscious* 一書中就曾提到「笑話之所以有趣，是因為它透過原級歷程的語言來表達。原級語言，能藉著發生在夢境中的思考型式來表達」。Freud 所提的笑話理論，就是將笑話視為提供我們退化到嬰兒時期思考型式的一種管道。換言之，笑話透過原級歷程的語言，使我們得以進入孩提時期的思考模式，

藉以滿足某些本能的需求，尤其是性與攻擊的本能。並且相信，幾乎所有的笑話皆隱含著猥褻與敵意的成分，以及防衛機轉在其中（Mosak, 1987）。

Berlyne則從鑑賞者的觀點論述，為何幽默會令鑑賞者產生幽默反應？Berlyne 認為幽默的產生是當內容由開始（set-up）到關鍵一擊（punch-line）期間，經由鑑賞者在短暫與突然的激動狀態間移轉，而創造出幽默的反應（Brown, 1980）。蕭颯等人（民84）也指出：在幽默中，精巧笑話的創造活動，以及對其領悟的再創造活動，兩者皆包含著從一個平面（或一個相關序列）到另一個平面（另一個相關序列）的突然飛躍，因而產生令人心理震盪的效果。

我們可以再從學者們所提的幽默組成要素當中，去體會幽默的本質究竟所指為何。Hertzler（Brown, 1980）曾提到幽默的發生需要有四個基本要素：(1)幽默必須包含著能量的釋放，此種能量的釋放是導因於緊張狀態的解放；(2)幽默可能發生在兩個相反主意或想法的同時出現；(3)幽默可能涉及某一事件的發生歷程中在慣例上或期望上的變化；(4)幽默可能是對一種正向的結果或情境的快樂反應。

Eastman（1936）也曾指出創造幽默的十個基本要求，也許我們可從中領悟幽默的本質為何：

1. 喚起緊張與期待。

2. 喚起的狀態毋須觸及深層的情緒。

3. 滑稽的而非工作導向。

4. 幽默的出現一開始應是嚴肅的，並且將人們安置於一種非

預期的扭曲中，幽默的呈現在一開始時，不應將不合理笑的要素注入幽默內容。

5.幽默的內容不應太過離譜，以致令人無法相信。

6.幽默的創造，需引發鑑賞者的驚奇感。

7.笑話的論點，一開始呈現即應順暢且首尾一致。

8.時機為一基本的要求，必須盯住最不被預期的時機，做出最關鍵的一擊。

9.幽默呈現之初，必須提供足夠的嚴肅性，如此關鍵一擊將能有效地與情緒產生對比的效果。

10.幽默呈現之初對鑑賞者所引發的挫折愈大，則在關鍵一擊時其所造成的滿意效果愈大。

第三節　幽默概念的層次性與複雜性

依前述幽默的意義，可以發現當討論幽默這個概念時，文獻上呈現出相當不一致的現象。事實上，在參考不同文獻資料之後，發現幽默除了在概念上具有層次性之外，東、西方提到幽默相關理論時，也常賦予幽默不同意義，因而使幽默這個概念呈現其複雜性。蕭颯等人（民84）就提到在西方幽默理論中，常遇到的幾個與幽默相關的概念，如**滑稽**（comic）、**諷刺**（satire）、**反語**（irony）、**冷嘲**（sarcasm）、**機智**（wit）、**純幽默**（humor）等，這些概念彼此之間既有區別又有聯繫的性質。根據這種見解，可知在他們的概念系統中，幽默具有層次性；也就是說在廣義的

幽默下，包括以上所述幾個、甚至更多的次級概念在裡面。

　　Kuhlman（1994）則將幽默視為一種中介變項，而不將它視為分離的現象或事件；並且認為**幽默是在特定脈絡條件下，某些種類的反應與某些種類的刺激兩者之間，所發生或存在的一種想像連結。所以幽默這個概念，其實包含三個次級概念在其中：(1)幽默反應；(2)幽默刺激；(3)幽默脈絡。同時他也認為幽默應被視為一種互動歷程。**在該歷程中，包括傳遞者、接收者，而非僅是獨立於參與者之外的事件。

　　Nazareth（陳學志，民 80）則認為幽默可以從三個層面加以分析：**第一是引發幽默的特定刺激型態，第二是刺激被個人感知後所產生的認知或情緒的經驗，第三則是幽默產生之後的外顯行為反應。**如此，「笑話」、「機智」與「喜劇」等係指某些特定的幽默刺激種類，而「有趣」、「好笑」與「可笑」則指個體內在認知或情緒的經驗，「笑」與「微笑」則是指外顯的行為反應。

　　依 Nazareth 的見解，幽默的概念其實隱含幽默刺激、幽默反應、幽默的鑑賞。故當我們使用「幽默」這個術語時，可以泛指幽默刺激、幽默反應、幽默脈絡，以及幽默內容等相關的概念。因此，幽默概念本身並非指單一的概念，實際上它不僅隱含著多重的概念在其中，而且又具有層次性。除此之外，也因為「幽默」一詞涵蓋的範疇相當廣泛，且學者們對「幽默」這個概念的見解也缺乏共識，所以形成幽默概念呈現出複雜的狀況。對於這種現象，Salisbury（1990）曾經提出以下的說明：在幽默實證研究中，由於化約主義與機械化實驗方法，使得幽默概念變得更加複雜。因此，Salisbury 主張為了要能夠徹底鑑賞人類社會中的幽默現象，

必須根據經驗地、統整地來思考幽默。換言之,幽默應以多向度的觀點來加以檢視。

第四節　幽默與笑

　　嚴格說來,幽默與笑兩者是兩個不同的概念。Chapman 與 Foot(1996)就主張將幽默與笑予以區別。雖然這二者為不同的概念,但是關係卻相當密切。幽默為何能使鑑賞者產生笑的反應?對於這個問題,Suls(1983)曾指出:若從幽默鑑賞面論,認知歷程與情感或情緒之間,必須有某些直接的關聯機轉存在。就這個主題而言,Leventhal 所提到的訊息處理模式(information process-ing model),可以提供我們了解認知與情緒兩者間的關係。在訊息處理模式當中,Leventhal 所關注的焦點在於情緒(如:幽默)的導因,不僅只是個人對刺激的客觀判斷(如:笑話),而且還包括對環境的投入(他人的出現)與主觀表達線索,例如從微笑或笑聲獲得肌肉活動回饋。在 Leventhal 的模式中,有兩個不同但互動的評估模式:第一個模式,包含對笑話刺激做客觀導向的判斷,例如它的失諧、脫困,以及其他屬性。對於這些判斷,鑑賞者最終將統整而形成一個整體的評估。第二個模式為主觀模式,它是根據肌肉活動的反應來表達回饋,以及對笑話品質做客觀的評估。

　　蕭颯等人(民 84)也根據心理動力的觀點提出兩個模式,來進行有關笑的動力學研究。他們認為幽默之所以令鑑賞者產生笑

的反應，包含兩種心理動力模式：其一為**笑的邏輯動力**，指的是有關幽默的智力結構面。即一個人同時對於兩個各自首尾一致、互相排斥的參照系統（或相關序列）之間造成的情況所引發的一種領悟。其次，是關於幽默情緒面，即**笑的情緒動力**。幽默的故事總是故意在敘述過程中，設法製造某種緊張情緒，而這種緊張情緒絕不會達到預期的頂點。在這個幽默故事裡，最精采且最有力的一句，就是突然將故事的邏輯進程切斷，以打消聽眾對結果的期待。因此，原來高漲起來的緊張情緒，頓時變成多餘的，聽眾只好經由笑聲，將多餘的能量釋放出來。

　　將上述兩種動力模式結合在一起，關於幽默的心理動力就可以概括出以下的結論：**在一個人的腦海中，出現的一種思想情況與兩個互相矛盾的序列發生「雙關」，因而造成他的思想流程從一個序列突然轉向另一個序列，並將一個突變的結局放在他原來的「緊張希望」面前；於是本來蓄積起來、頓時失去對象的情緒，已被提起來懸掛在心中，個人只好將該情緒轉化成笑釋放出來。**

3

幽默理論

　　「幽默理論」探討的主題在於「幽默刺激」為何會令鑑賞者產生「幽默反應」的機轉？然而，因立論角度的差異，再加上「幽默」本身涵蓋的次級概念也不少，因此形成各種不同的幽默理論。每個理論似乎都只能解釋某些類型的「幽默刺激」，或者僅能說明「幽默刺激」之所以引發鑑賞者「幽默反應」中的某一歷程。

　　關於幽默操作機轉的探討，研究者的興趣大多集中在幽默產生笑的機轉上（Salisbury, 1990）。雖然在文獻上，所提到的幽默理論為數不少，但並無兩個理論會對幽默的每一特點取得一致的意見；也無任何一個理論能包含幽默的所有方面。然而在某些方面，這些理論之間彼此又都有些吻合（蕭颯等人，民 84）。提出幽默理論的學者們（Salisbury, 1990; Brown, 1980），各自依其所

持的分類標準，將幽默理論分成不同的類別。

　　若根據**幽默之所以產生笑的來源**，大致可將其分成三大類：其一為與釋放有關之理論（release-related theories），例如激動產生理論、快樂產生理論、心理分析論等；其二是與鄙夷有關的理論（disparagement-related theories），例如動機理論；其三為與失諧相關的理論（incongruity-related theories），例如認知理論、失諧理論等（Moask, 1987；蕭颯等人，民 84）。

　　Kieth-Spiegel 則在眾多的幽默理論中，藉著尋找共同的因素，而將這些幽默理論分成八個理論取向：(1)生物的、本能的、進化的取向，隱含著它是一種適應的、與生俱來的機轉；(2)透過嘲笑、愚弄、取笑他人，以獲得優越感；(3)出現在不一致或失諧的一對想法或知覺；(4)驚奇的反應；(5)一種混合的對立情感或情緒，例如同情和憎恨；(6)困境的解脫，或過度緊張的釋放；(7)對於最初無法弄清楚或無法理解的事，突然獲得領悟或覺察的效果；(8)就心理分析的術語而言，快樂的釋放精神能源，經常是克服超我（super-ego）的要求；亦即幽默能將導致受苦的事件，轉變成較不重要（Foster, 1978; Kuhlman, 1994）。

　　Kuhlman（1994）認為，幽默理論實際上即在探討**幽默刺激之所以引發幽默反應的機轉**，故 Kuhlman 將幽默理論分成兩大類：(1)認知論（cognitive theories）；(2)動機論（motivational theories）。以幽默認知理論而言，強調的是刺激結構的品質，而非刺激的內容；就幽默動機理論而言，強調的是幽默的發展特徵。由於對幽默的反應與鑑賞者的認知能力有關，因此，對於相同的幽默刺激，並非對不同年齡層的鑑賞者皆能引發幽默的反應。幽默

刺激之所以能引發鑑賞者的幽默反應，主要是與幽默鑑賞者的動機有關。

　　由於幽默概念的複雜性以及層次特性，因此在探討不同學者們對於說明或解釋「幽默刺激」之所以會對幽默「鑑賞者」引發「幽默反應」的理論時，必須先了解學者們在分析幽默時，是將幽默「鑑賞者」視為主體，或是將「幽默故事」視為主體（管秋雄，民 88）。除此之外，對於不同類型的幽默詮釋，也是我們理解這些幽默理論的重要關鍵。以下將從三方面，即幽默與笑關聯之理論、以鑑賞者為主體之幽默理論、以幽默故事為主體之幽默理論，分別簡要說明當代較為人所熟知的幽默理論。藉此，提供讀者能夠從特定的角度了解各種不同幽默理論之內涵，不至於迷失在眾多幽默理論當中。

第一節　幽默與笑關聯之理論

　　幽默刺激為何會引發「鑑賞者」生理上的反應？其次，「鑑賞者」這種生理上的反應，為何會引發鑑賞者快樂的感覺？在第二章大略提到 Leventhal（Suals, 1983）之評估模式，以及蕭颯等人（民84）之心理動力模式，以說明幽默與笑兩者之關聯。接著，我們將更詳細地敘述關於幽默與笑這兩者相關聯之幽默理論。

一、激動產生理論

Wilson（1979）認為幽默刺激之所以造成「鑑賞者」的生理激動，可能是失諧所造成的反射反應。這種論調即所謂「激動產生理論」。但是這種激動的生理反應，又為何會令「鑑賞者」產生笑的反應或快樂的感覺？當幽默刺激出現時，失諧雖會對個人生理造成無可避免的激動狀態，但是接受幽默刺激者會發現，在現實的環境中並無危險的事物存在，這僅是一個幽默罷了。然而在體內已被喚起的激動反應，對個人而言，卻成了一種負擔，必須將其紓解，以回復正常的生理水準，而「笑」正好提供紓解這種多餘激動能量的管道。這就是所謂的「過剩能量釋放理論」。

二、快樂產生理論

Berlyne 也曾提出兩種不同的機轉，藉以說明生理衝動與快樂感覺兩者的關係。其一為「激動觸發機轉（arousal-boost）」，依照這個機轉的說法，幽默刺激的失諧部分出現時，會使得個體產生激動狀態。但由於環境中的「遊戲氣氛」或「遊戲線索」的存在，使得這些被提升的激動狀態成為引發快樂、喜悅的情緒，因此才會使人感到幽默。由於鑑賞者快樂的感覺是由被激發而起的激動狀態所引起，因此稱之為「激動觸發機轉」。其二為「激動回復機轉（arousal-jag）」，根據這個機轉的說法，幽默刺激的失諧部分，會使人的激動程度上升，況且人類對於與情境預期不一

致的反應也會產生焦慮。故失諧所形成的激動狀態，反而會造成不舒服的嫌惡感受。當笑話一旦被理解，激動狀態馬上下降，這種不舒服的感受也就消失，因而使人覺得快樂。由於快樂的產生是經由不舒服的激動狀態，回復到正常的生理衡定狀態，使得個人得到了補償性的快感，故將其稱為「激動回復機轉」（McGhee, 1983）。

第二節　以鑑賞者為主體之幽默理論

若以幽默「鑑賞者」為主體來解釋幽默理論，主要是詮釋「鑑賞者」在欣賞「幽默故事」時，為何會產生幽默反應的歷程。

一、心理分析理論

Freud認為隨著時間的累積，人們內在的能量（本我趨力，如性、攻擊等）會不斷累積而占據某些心靈管道，造成心理動力的不平衡狀態。這些不平衡的能量亟須被自我消化或疏導，但由於超我的監督，使得這些能量不能被利用，而笑話正好提供一個合法的管道，表達此類的衝動。他並且認為，幽默的使用是一種紓解攻擊驅力較安全的管道，而且是一種積極的防衛方式（Bennett, 1996;Olson, 1996）。Freud也指出：幽默是一個人拒絕痛苦的成熟能力，以及快樂原則與喜悅的表徵（Brown, 1980; Salisbury, 1990）。

Freud所提到的笑話理論，是將笑話視為提供吾人退化到嬰兒時期思考型式的一種管道。換言之，笑話透過原級歷程的語言，使我們得以進入孩提時期的思考模式，藉以滿足某些本能的需求，尤其是性與攻擊的本能（Mosak, 1987）。

二、幽默的錯誤歸因理論

「幽默的錯誤歸因理論」（misattribution theory of humor），乃針對Freud的觀點重新加以闡述。Zillmann認為：幽默和笑中所隱藏的慾望，是對他人的優越感與幸災樂禍的心態，而不是Freud所稱的性或攻擊的本能衝動。其要旨為：當我們看到自己不喜歡的對象被貶抑、失敗或被毀滅，我們會認為他們是「活該」的。這種想法在某種程度上會使我們有正向的情緒反應，但是這種情緒反應卻不被社會所接受，將被「超我」視為不道德。但是在幽默刺激中，某些無害的線索（innocuous humor cues）隱藏或轉移了人們這種內疚的道德壓力，因此使個人能夠把內心喜悅的感覺，歸因於這些無害的幽默線索，使個人可以把自己不喜歡的對象被貶抑或敵視，看成是合理的存在。藉此，個人即可以將隱藏於內在的攻擊慾望予以釋放（Zillmann, 1983; Zillmann & Cantor, 1996）。

三、幽默之個別差異論

某些人格特質、認知型態，以及過去的知識，對於幽默反應

的產生和理解均有相當的影響。主要是因為幽默需要經過理解才會產生，所以，想要理解幽默，就非得具備某些知識和認知能力（Brodzinsky, 1975, 1977; Brodzinsky & Rightmeyer, 1976）。個人對於幽默內容是否熟悉，也是影響「鑑賞者」是否產生幽默反應的重要關鍵。Chapman 與 Foot（1996）就指出：「幽默內容」在幽默的鑑賞方面，扮演雙重的角色。主要在於幽默的材料是否為鑑賞者所熟悉。

第三節　以幽默故事為主體之幽默理論

以「幽默故事」為主體來詮釋幽默理論，基本上是從「幽默刺激」、「幽默反應」、「幽默的中介歷程」這三個角度切入，以延伸或推論「幽默刺激」之所以對幽默「鑑賞者」造成「幽默反應」的理由或原因。

「幽默刺激」是由「幽默結構」及「幽默內容」兩個成分所組成的。「幽默結構」指的是刺激的呈現方式，以及刺激間所形成的相互關係，藉著所使用的文體、字句呈現之順序、組織及鋪陳技巧以及修辭學有關的特徵屬性加以表現；而「幽默內容」則是指幽默刺激所指涉的意義或內容，藉著文字直接或隱含指涉的意義來表達，如性、攻擊或諷刺等（Wilson, 1979）。

幽默之認知理論

將「幽默故事」視為主體、「鑑賞者」視為客體的幽默理論，最具代表性的莫過於幽默之認知理論。該理論主要在探討：(1)幽默刺激中的何種特徵屬性，會引起鑑賞者的幽默感覺？(2)鑑賞者在觀看或聽到幽默刺激後，在腦中經歷何種歷程以及認知狀態的變化而產生幽默的感覺？

幽默認知論的研究者想要探討「幽默結構」具備哪些成分、經由什麼歷程，引起「鑑賞者」好笑的反應。Shultz（1996）指出：「幽默結構」在幽默鑑賞上，主要是以失諧為主。當幽默故事所引發的失諧狀態被解決，或至少這種失諧狀態不被鑑賞者視為是一個問題時，人們會更加欣賞它（Rothbart, 1996）。當代著名的幽默認知理論主要有二：第一就是「失諧理論（incongruity theory）」；另一即為「失諧—解困理論（incongruity-resolution theory）。」

㈠失諧理論

產生失諧的刺激具有以下的性質：(1)在不被預期的情況下出現；(2)與周遭的環境不一致、不適當；(3)不合邏輯或不能被理解的；(4)太過誇張（McGhee, 1979）。「失諧理論」的主要論點是幽默結構中，失諧成分為產生幽默的充分條件。

㈡失諧—解困理論

失諧固然是產生幽默的重要因素，但是單獨的失諧只會令人感到困惑。真正令人感覺幽默的原因，是人們以類似問題解決的歷程，尋找有效解決先前失諧的情境。此即失諧—解困理論。Suls（1983）就認為：從幽默鑑賞面探討幽默認知的歷程，應該特別強調失諧—解困模式。根據Suls的說法，鑑賞者必須經過「失諧」與「解困」兩個階段，方能產生幽默的感覺。所謂「失諧階段」，意指發生在鑑賞者欣賞幽默故事時，對故事內容所呈現或安排的結果預期。若鑑賞者對故事結果的預期與故事所呈現的結果一致時，對鑑賞者而言將不具驚奇性，因此鑑賞者不會發出笑聲。若鑑賞者對故事結果的預期與故事所呈現的結果不一致，對鑑賞者而言將造成某種驚奇的效果，亦即「失諧」。這種驚奇效果將促使鑑賞者尋找該幽默故事先前呈現內容與最終呈現結果之間，是否存在著某種規則。若鑑賞者能找到規則，那麼將發出笑聲，此即「解困」；若鑑賞者未能找到規則，那麼他將表現出疑惑。

Suls 同時也指出失諧—解困模式並非是完整的，它僅能描述幽默經驗的一部分。事實上，幽默這個概念所涵蓋的層面，及其所包含的範圍均相當廣泛，因此想要以單一個理論來說明或解釋所有「幽默概念」下所涵蓋的次級概念，似乎不太可能。每個幽默理論充其量只能掌握幽默的部分現象，並無任何一個理論能夠很明確地指出幽默確實的本質（Kuhlman, 1994）。

4

幽默在諮商中的涵意

第一節　諮商中幽默之涵意

「幽默」這個術語，在諮商情境具有多重的涵意。若諮商員在諮商過程中欲使用幽默，必須了解幽默的特質（Bennett, 1996）。因此，對有意將幽默應用於諮商情境的諮商員而言，對於幽默意義有一個清晰的概念是必要的。Klein曾經探討幽默在文學與治療領域兩者之間的類似性與差異性。關於這個問題的探討，其實表達了兩個不同層次的問題：第一，即「真理對現實」（truth vs. reality）的檢驗；第二，即「戲劇的世界對當事人的世界」（world of the theatre vs. the world of the client）的審察（Shaughnessy & Wadsworth, 1992）。換言之，這兩種領域對幽默的看法是有差異的。因此，當我們從治療領域談論幽默時，應了解它的定義是什麼；同時由這個主題的探討，也引發了研究幽默時，對幽默所下的操作性定義的問題。

從文獻來看，每一個研究由於研究目的、所使用的幽默類型、以及使用方式，甚至基於研究的方便，每個研究者可能會以自己的方式，來考量符合該研究所需的操作性定義。因此，更增添幽默定義的複雜性。Chapman 和 Foot（1996）宣稱大多數的人相信幽默是什麼，然而在心理學文獻上卻很少人企圖為幽默下定義。以這種方式對幽默研究的學者為數不少（Falk & Hill, 1992; Foster, 1983; Nezu, Nezu, & Bliissett, 1988; Olson, 1992; Perost, 1983; Rossel, 1981），如 Yovetich 等人（1990）以實驗法研究幽默在降低處遇所引發的焦慮效果中，其自變項分成三個水準：一為受試者聆聽幽默錄音帶，二為聆聽非幽默式錄音帶，三為未聽錄音帶。然而在他們的研究中，並未說明幽默式錄音帶是屬於何種幽默？其意義又是如何？

Megdell（1984）在對諮商晤談過程中，諮商員所引發的分享式幽默、非分享式幽默與當事人對諮商員吸引評量的關係研究中，將幽默定義為：在每一個治療的對話中呈現出某些特殊主題，而該主題被個人認定是表達有趣的、令人愉快的、或是詼諧的。

Brown（1980）指出幽默這個概念，要能夠讓人更清楚了解，應該具體地以這些術語的特殊建構來定義。Brown 在其博士論文中，就將幽默定義為一種自發性的口語表達，並伴隨著互動期間發生在兩人之間的笑聲。幽默的表達，是藉著在互動情境當中的

某一個人對另一個人所表達的內容中，所存在的負面或正面特質的誇大。以這種觀點來定義幽默，所強調的是個人知覺上的差異。

Sallisbury（1990）則以阿德勒學派一貫觀點，將幽默定義為一種結合的情緒。它包含生理的反應與喚起的狀態，同時包括過程中的認知解釋、生理回饋，使得想像和生理反應連結。幽默的喚起狀態可能來自於任何資源；而且鑑賞的水準、幽默的刺激、生理行為反應之間相互調和。

Olson（1996）則使用 *Random House College Dictionary* 對幽默的定義，即覺察、鑑賞或者令人愉快或詼諧的表達能力。Pinegar（1983）也依照 Random House 字典中對幽默所下的定義：一種詼諧的品質，令人感覺愉快；一種情境的幽默。幽默主要是由一個情境或人物呈現出可辨識的不一致或特質，及其擴展所組成。它通常被用來揭示某些人類本質或人類行為中主要的悖理性；同時也指出基於該研究的目的，幽默必須是伴隨著笑的行為表達。

Bennett（1996）曾經探討當事人在治療情境中對幽默的覺察與使用研究裡，並未對幽默下定義。在該研究中，Bennett 即將當事人對幽默的定義，作為一項研究主題。根據研究結果，當事人對幽默的定義有二：

第一，治療中的幽默為一種治療者與當事人之間被分享的經驗。此種經驗分享，並伴隨著笑聲或微笑。它可能是源自於治療者自發性的話語或反應，也可能是一種治療者計畫性的活動，藉以說明某一觀點。幽默通常是在一段非預期的時間裡，一種非預期或不一致的陳述、或被完成的行動、或被說出的一個事件。

第二，幽默在治療中有時候被當事人視為一種防衛機轉，作

為逃避因治療所帶來的緊張狀態，使當事人獲得暫時性的休息或攻擊，或者對他人的批評。

除了與文學上對幽默定義的差異之外，諮商領域中，研究者對幽默定義不一致的情況也相當普遍。主要原因在於幽默概念本身就具有層次性與多樣性；其次就是學者或研究人員在幽默的概念上未能取得共識。換言之，每位從事幽默研究的學者，各自依其對幽默的詮釋進行研究。因此，這種結果似乎是必然的。

第二節　幽默的治療特質

「幽默」在調和兩種相反勢力、撫平創傷、協助個人以較健康的方式調適，以及激勵個人採取較新鮮的方法來解決停滯未解的問題上，具有無比的潛在性力量。Kuhlman（1984）提到幽默在改變歷程當中，具有潛在性的力量；並且在心理治療的關係中，也具有一定的地位，就如同幽默在其他人際關係的角色一樣。幽默之所以可以被應用於諮商情境中，主要是幽默具有幾方面特質：(1)幽默與正向健康有關聯，尤其是當幽默伴隨著笑的時候。幽默能創造生理的、心理的，以及社會的改變。(2)諮商中使用幽默，是因為它能夠令人免於太主觀，而且能令人均衡地看待自我與環境。(3)幽默是預測創造力的一項絕佳指標。因此一位具有幽默感的諮商員，往往是一位擁有創造力的諮商員。(4)在諮商中應用幽默，其效果受到實證研究的支持（Gladding, 1991）。Farrelly 與Brandsma（1974）認為，幽默是了解和處理人事狀況的寶貴經

驗。由於幽默是一種安全的機制，能使我們在多變的生活中保持平衡、正確的認知與適當的心理距離，看待自己的強烈情感或荒謬觀念，且具有強制性與影響力，因此當治療師的幽默指涉內容和當事人有關時，就會產生治療效果。

　　對於諮商與心理治療而言，幽默既然具有這些獨特的性質，那麼對於幽默在諮商中應用的研究，除了對幽默主題能更進一步認識之外，也為諮商與心理治療提供了另一種選擇。一九〇五年，Freud指出為了要降低痛苦並促進健康，幽默是治療上可考慮使用的附屬處遇（adjunctive treatment），尤其是對於高敏感度的當事人而言（O'Maine, 1994）。幽默為何能夠介入諮商情境當中，作為一項諮商的技術？它具備哪些特質，使得它成為諮商員可以應用的一項工具？Greenwald（1987）曾提到：幽默的脈絡可以協助創造出自由與開放的治療氣氛，這種雙重特質的本身就具備了高度的治療性。除此之外，在文獻上有關這個主題的探討，大多從以下幾個層面加以論述。

一、從技術層面探討

　　從技術層面探討幽默究竟具有哪些特質，使幽默可以成為諮商中的一項技術。如 Frankl（1975）曾說：「事實上，在應用矛盾意向法當中，幽默是形成的基本要素——幽默感所表示的是一種人類獨特之特質——畢竟，並無其他的動物如人類一樣能夠笑。更精確地說，幽默在意義治療法中被視為一種人類本質的表現；亦即自我分離（self-detachment）的能力。」

　　Frankl 或許不是首位使用矛盾意向法於治療情境者，但他卻是第一位談到**治療性改變的發生，是與發現情境中的幽默有關**。在 Frankl 的矛盾意向（paradoxical intention）技術應用中，包含了詢問病人欲克服的症狀是什麼，並且諮商員有意地嘗試將病人的症狀於治療室中呈現。

　　洞察（insight）與分離（detachment）所提到的是兩種相反的治療策略。在洞察策略中，治療者激發當事人更深入到某個問題裡面，並期盼將問題予以再綜合。在洞察策略中，諮商員鼓勵當事人看待自己的問題，如同在顯微鏡下一般。例如精神分析論，就是支持洞察策略最基本的例子。就分離策略而言，諮商員試圖將當事人從某一個問題情境中抽離出來，以降低當事人投入其間，或因該問題的存在而導致先入為主的偏見。如行為治療法，就是藉著將某些比較不具問題的反應方式，依附在某一特定刺激下，以尋求將當事人的沮喪反應，從一特殊刺激中抽離出來。將幽默視為技術時，就具有以上所述兩種策略的功能（Kuhlman, 1994）。

二、從幽默產生的機轉探討

　　陳金燕（民 83）指出：藉著幽默的言詞使個人從困境到脫困的反應歷程，可能經過了幾種路徑。首先是與預期不一致而來的錯愕，其次是破壞原有思考脈絡而來的重組，最終為串連起新舊思考脈絡而得的頓悟。幽默之所以能在笑聲過後引人深思，進而產生諮商效果的重要機轉，即存在於困境到脫困的反應歷程之中。

三、從幽默的功能探討

Steven（1994b）指出幽默具有以下幾方面的條例，使得它在提升當事人的心理健康方面，可以成為諮商員一項強有力的工具：(1)**幽默能夠協助諮商員與當事人建立關係**；(2)**幽默能夠促進溝通以及參與**；(3)**幽默能夠改變情緒**；(4)**幽默能夠改變思考**；(5)**幽默能夠改變行為**；(6)**幽默能夠改變體內生化（biochemistry）狀態**。

在維持個人良好的心理健康上，幽默是一項基本的要素。一般的實驗研究結果顯示，幽默經常能夠鼓舞陷入沮喪的束縛中的人們，或者在其他無法相容的情緒狀態下，提振人們的士氣（McGhee, 1979）。人類普遍都具有笑的能力，這種現象很明顯地反映了一些相當複雜的適應型式，以及生存的利益。例如以幽默態度行事、在一個幽默的參考架構中評估情境、參與幽默性的社會互動，顯示出幽默包含在人類的人格核心當中（O'Maine, 1994）。

蕭文（民 89）也曾由功能的角度探討在諮商中運用幽默技術，可能使當事人發生改變的幾種機轉。

1. **幽默是一種分離的策略，可以將當事人從某一個問題情境中脫離出來，以減少當事人投入的時間或者減低偏見**。其改變的機轉可能如下：

　　困境→錯愕→重組→頓悟→脫困

2. **幽默是一種反思的歷程，可以協助當事人跳脫原有的視框，開啟當事人更寬廣的空間，使其從固定的、狹窄的知覺中，轉變**

成更具彈性及創造性的思考。其改變的機轉可能如下：

　　困境→反思→開放空間→頓悟→脫困

　　3.幽默是一種挑戰當事人的策略。諮商員直接面對當事人的困惑或禁忌，並誇大其現象，使當事人不得不面對自己的問題，而不再找各種藉口或將所有問題歸咎他人。其改變的機轉可能如下：

　　困境→挑戰禁忌→誇大現象→錯愕→重組→頓悟→脫困

　　4.幽默是一種建立關係的方法。諮商員針對諮商關係的不圓滿，因而使用一些非傳統的方式介入，包括差異性的語言，以打破當事人對諮商員的刻板印象，增加其對諮商員的接納度，進而減低焦慮防衛與抗拒。其改變的機轉可能如下：

　　困境→幽默素材介入→轉移注意→產生好感與認同

　　5.幽默具有一點靈的效果。例如在某些重要關鍵時刻，當事人往往會出現迷惑、抗拒改變，甚或看不見改變的好處。此時諮商員可以藉由技術的介入，例如比喻、後設認知方式，協助當事人解套。其改變的機轉可能如下：

　　困境→比喻／後設認知→開啟視窗→思考重組→脫困

　　6.幽默可以令人從荒謬中產生頓悟。當事人可能是荒謬的，但其往往無法覺察自己是荒謬的存在。若諮商員能以另外一種荒謬的存在，去面對個案的荒謬，往往會令當事人否定或放棄自己的荒謬。其改變的機轉可能如下：

　　荒謬的當事人→另一個荒謬的介入→當事人駁斥新的荒謬→討論與妥協→發現自己的荒謬→脫困

四、從生化觀點探討

如生物心理社會學家（biopsychosocial）認為幽默具有某些進化式的適應特徵（O'Maine, 1994）。Steven（1997）提到藉著幽默，可以強化我們生理與心理的免疫系統能力。透過體內生化狀態改變，可以支持人體的生理免疫系統。例如在較持久的笑聲中，人體內的免疫球蛋白 A 會增加。幽默也可以藉著改變我們如何感覺、如何思考，以及如何行為，以協助我們維持心理的免疫系統。除此之外，也從復原力（resilience）的觀點探討，詳細論述為什麼藉著幽默，我們可以創造個人的心理復原力（psychological resilience），以強化生理與心理免疫系統能力。

㈠從生化層面

幽默已經顯示出能夠增加我們體內的免疫球蛋白 A，以及降低壓力荷爾蒙的量，同時也能增進我們對痛苦的忍受能力。

㈡從認知層面

幽默協助我們打破僵化的思考；幽默也能藉著對不公平的世界提供一種較實際的觀點，以協助我們調適特殊的信念系統；幽默亦能針對我們的行為表現，提供一種比較健康而且與特殊環境相稱的清晰觀點，使個人改變他自己的思考組型。

㈢從情緒層面

幽默不僅能夠減輕壓力的情緒，同時也協助我們有能力去處理情緒狀態。

㈣從行為層面

幽默能夠使我們更活化與再充電，並且能夠促進我們的慾望與能力從不活躍中選擇更活躍。

第三節　幽默的效果

在探討治療歷程中幽默應用效果的問題，並不是一個單純的問題。除了在治療的過程中，當事人是否能夠覺察幽默出現的問題之外，對於幽默的基本定義，也是在探討治療過程中幽默效果的重要關鍵。再者，探討治療過程中幽默的效果，還必須視當事人與諮商員在諮商歷程中，雙方的關係脈絡而定。

Pollio（1995）指出在治療關係中探討幽默時，有幾個主要中心問題：⑴使用幽默之後的結果為何？⑵幽默使用的脈絡為何？⑶當事人對諮商員所使用的幽默其知覺為何？可知在諮商中欲應用幽默，對於幽默使用後的效果探討是一項很重要的主題。

關於幽默效果方面，文獻上呈現幾種不同的看法。**首先是採取比較樂觀的見解**，例如 Kuhlman（1994）就很直接地指出幽默具有兩方面的效果：⑴短期效果：降低緊張、愉快，以及任何有

效幽默所造成的立即性情緒反應；(2)長期效果：塑造、界定，以及改變參與者之間的關係。

其次，比較保守地來看待幽默在治療情境中的效果。例如Brown（1980）就指出欲探討幽默在治療中的效果，必須視所使用幽默的定義而定。

第三、幽默在治療情境中，可能具有建設性效果與破壞性效果。Salameh（1983）就持這種觀點。Salameh 認為在一特殊情境中幽默的處遇，其有效性可用一直線軸來加以描述，這一條直線軸的範圍從破壞性到相當地有效。Haig（1986）與 Rosenheim（1974）也將幽默處遇分成建設性效果與破壞性效果。在治療情境中，幽默的建設性效果包括治療同盟（therapeutic alliance）的形成、瓦解抗拒（breaking through resistance）、情緒紓解（affect releaser）、敵意的疏通（an outlet for hostile feelings）、溝通的型式（a form of communication）、中斷舊有的思考模式（iconoclastic respite）。幽默的破壞性效果則包含：防衛機轉（defense mechanism）和反移情反應（countertransferential responses）。

根據 Haig（1986）對幽默在治療情境中使用效果的分類而言，似乎很難理解幽默處遇究竟對治療目標的達成有多大的貢獻。再者，對治療歷程而言，究竟幽默是透過何種機轉，使得治療結果呈現建設性或破壞性（Pollio, 1995）？由於幽默經常是以內省的方式運作，因此在治療當中幽默難以立即被覺察（Madanes, 1984）。所以欲探討幽默在治療中的效果，有一個前提必須先確定，亦即在治療的過程中，當事人是否能夠覺察幽默出現這個問題。由於在治療過程中，幽默事件的發生具有這種特徵，所以Be-

nnett（1996）曾以人種誌學晤談法（ethnographic interviews）研究
當事人對幽默的覺察，及其在治療中的應用。該研究結果發現：
當事人確實能夠覺察到在治療過程中，是否出現幽默。

　　至於影響幽默效果的因素方面，Newton 與 Dowd（1990）在
他們的研究中發現：**當事人對幽默的敏感度會影響矛盾意向技術
使用的效果。**根據研究結果，Newton 與 Dowd 指出幽默是屬情境
性，而且並不是所有人對相同的情境都能覺察該情境裡的幽默。

　　除了當事人對幽默的覺察，直接地影響諮商歷程中諮商員使
用幽默技術的效果以外，另外當事人在治療關係與情境脈絡中，
**對於諮商員或治療師所使用的幽默溝通的解釋，也是影響幽默有
效性的關鍵**（Pollio, 1995）。關於這個問題，Rossel（1981）就曾
經指出：幽默本身是一種後設溝通（meta-communication）的型
式。它的意義與社會功能，最終只有在關係脈絡中才能被了解。
因此，對於幽默使用效果的探討，若離開了幽默發生的脈絡，將
難以獲得明確的解答。同時他也指出對幽默的反應方式，可以顯
示出個人的社會關係本質。根據 Rossel（1981）的說法，由於幽
默使用與個人語言技巧，使得在檢視幽默溝通上，呈現出兩種不
同的主題：其一，**將幽默視為一種直接溝通的歷程來加以檢視。**
對這種主題的探討集中於笑話的特殊內容，或特殊的語言特質或
功能。**其二，將幽默看成是對溝通歷程本身的注釋，而加以檢視，**
亦即將幽默視為一種語言，獨立於溝通之外，且以各種不同的方
法對其評論。對於前者，我們的興趣在於將幽默視為語言的過程。
那麼幽默是什麼？它的內容或正式特質是哪些？對於後者，我們
的興趣在於當幽默進入溝通的行為與過程中，究竟能做什麼？換

句話說，我們的興趣在於幽默使用背後的社會動機，或它的社會
衝擊與功能。

第四節　幽默諮商之觀點

嚴格說來，「幽默諮商」並非一種特別的諮商理論學派。幽
默在諮商中所表示的是一種存在的方式、一種態度，以及一項必
須融入諮商員個人理論參考架構中的技巧性工具（Salameh,
1987）。蕭文（民 89）則認為幽默諮商可以從三個角度來看：

　1.幽默使用後的結果。

　2.幽默使用的現象與時機。

　3.當事人對幽默的知覺及反應如何。

從幽默使用的結果來說，可能使當事人獲得情緒的紓解、敵
意的釋放，以及成就良好的工作關係。如果從諮商的過程而言，
幽默使用的現象與時機多半與諮商的發展有關。換言之，當當事
人出現卡住（block）的現象時，往往就是幽默介入的時機。至於
幽默使用的目的是幫助當事人獲得新的頓悟，並且能進一步採取
不同的行為。

在治療情境中，可以將幽默分成兩種不同的類型加以檢視：
**其一，將幽默看成是諮商員或治療師有意識地應用於治療情境；
其二，將幽默視為治療情境的副產物**（Pollio, 1995）。

管秋雄（民 88）則從幽默在諮商領域中的研究方式，探討何
謂幽默諮商。「幽默諮商」的研究方式，大致上可分成以下四種

不同的類型：**第一種研究類型，是將幽默心理學的研究成果應用在諮商情境**。換言之，就是將幽默以心理學方式進行研究，並分析出構成幽默的要素。再根據這些組成幽默的要素，分析諮商中所發生的事件是否為幽默事件（Greenwald, 1975, 1987; Megdell, 1984）。這類型研究通常是以「心理治療中的幽默」為名。**第二種研究類型，則是將幽默的要素融合在其他諮商技術裡，以強化該諮商技術對當事人的衝擊效果**（Ellis, 1977, 1987; Perost, 1983; Schnarch, 1990）。**第三種研究類型，則是以幽默構成的成分，分析既有的諮商技術可能隱含的幽默**（Farrelly & Lynch, 1987; Fay, 1976; Frankl, 1975）。**第四類型的研究，係將諮商情境外的幽默題材介入諮商中**（Huber, 1978; O'Brien et al, 1978; Olson, 1976; Richman, 1996; Rosenheim, 1974; Schnarch, 1990; Slude; 1986; Sonntag, 1985）。

上述四種類型的研究，所反映的其實是研究者究竟從何種角度去研究幽默此一現象。如果以幽默為主體，則研究諮商歷程中所發生的事件。採用這種類型的研究，乃是應用幽默組成的要素，來判定諮商中所發生的事件，是否符合幽默條件。在這種類型的研究中，諮商員並非有意圖地應用幽默技術於治療情境中，前述第一類與第三類屬之。若以諮商為主體則研究幽默事件，上述第二類與第四類屬之。在這種類型的研究中，諮商員是有意圖地將幽默的技術使用於諮商歷程當中。如 Koelln（1987）所言：從幽默與心理治療兩者相互關係中，可將研究分成兩類：其一，將幽默視為主體，以研究心理治療歷程中所發生的幽默事件；另一類則以心理治療為主體，將幽默視為一種治療技術（Foster & Reid,

1983; Rossel, 1981; Yovetich, Dale, & Hudak, 1990）。

　　根據文獻，可以大略整理出「幽默諮商」的意義。「**幽默諮商**」可以泛指「**協助當事人，學習以幽默的態度對待自己的問題與生活，而非僅是說說笑話或令當事人笑**」；或者指「**將幽默的題材、幽默的要素介入諮商歷程中，以期當事人改變，並達成諮商目標的一種諮商方式**」（管秋雄，民 88；蕭文，民 89）。以這種觀點來論述「幽默諮商」，基本上是將「幽默」視為一種特殊型式的諮商技術，並將其運用在諮商當中。這種類型的「幽默諮商」所關注的主題，在於諮商員如何將幽默介入諮商中；相較之下，就比較忽略對於「幽默事件」脈絡的關注。

　　「**幽默諮商**」有時又可指「**發生在諮商歷程中的事件，而該事件符合幽默的要件**」。以這種觀點來看待「幽默諮商」，基本上是以幽默為主體來研究諮商中所發生的幽默現象或事件。這種類型的「幽默諮商」，由於所探討的焦點在於諮商情境中自發性的幽默事件，因此，對於「幽默事件」的判定，必須依據幽默定義的標準，對諮商中的事件加以評定。相較之下，在這種「幽默諮商」的研究類型中，對於諮商員與當事人在該幽默事件發生時的互動情形，就是研究者所關注的主題。換句話說，對於「幽默事件」發生時脈絡的關注，相較之下，就比前述研究類型更為強調（管秋雄，民 88）。

5

諮商中幽默的角色與功能

第一節　諮商中幽默的角色

　　首先將幽默這個主題引入諮商與心理治療領域者，可能是 Victor Frankl，以及 Milton Erickson（Madanes, 1984）。許多學者認為在諮商情境中應用幽默，將有助於諮商歷程的進行，而且能提升諮商員的效能（Foster, 1978; Foster & Reid, 1983; Huber, 1987; Martin & Lefcourt, 1983; Megdell, 1984; O'Brien, Johnson & Miller, 1978; Pollio, 1995; Sluder, 1986, Yovetich, Dale & Hudak, 1990）。諮商中幽默所扮演的角色與提供的功能，並非是固定不變的；事實上，它的角色與功能主要是受到諮商員使用幽默的時機與意圖

（目的）所決定。在建立諮商關係階段中，幽默的使用能降低當事人與諮商員之間的緊張氣氛；在診斷中，幽默能協助諮商員對當事人的個人基本信念，以及生活特性的了解；在解釋過程中，透過幽默的應用，可以提供當事人另一種參考的架構；除此之外，也可將幽默視為諮商終結的指標（Mosak, 1987）。

在諮商與心理治療領域中，由於**治療師對幽默的定義**，治療**師在治療歷程中應用幽默的型式，以及治療師使用幽默的時機與意圖不同**，幽默可能扮演的角色將分述如下：

一、幽默可視為一種建立關係之技術

將幽默運用於諮商情境中，能有效降低當事人與諮商員之間所產生的陌生感覺，並且能夠降低當事人的焦慮與緊張之狀態，以及減低當事人對諮商的抗拒（Dimmer, Carroll & Wyatt, 1990; Falk & Hill, 1992; Huber, 1978; Mosak, 1987; Schnarch, 1990）。諮商員也能藉著幽默的應用，探討當事人問題、紓解當事人憤怒的情緒、克服當事人的抗拒，以及使諮商員較受歡迎，並能使諮商員展現出諮商的有效性（Gladding, 1991）。

治療情境中，幽默的使用對於治療同盟（therapeutic alliance）的建立，也具有促進的效果（Olson, 1996）。幽默能降低當事人對諮商處遇所引發的抗拒，以及有關諮商處遇所帶來的衝突（Brown, 1980）。Steven（1992a）也認為，幽默不僅能夠直接被使用來改變個人的情緒、行為、思想，以及生化狀態，而且幽默也可以在諮商情境當中，被諮商員使用來提升當事人的心理健康。

除此之外，諮商員可以藉著運用幽默，來協助關係的建立、增進溝通、提升參與，這些都是可以強化治療同盟的因素。

Yovetich、Dale與Hudak（1990）以實證的方式，研究幽默在降低因處遇引發焦慮的效果。研究結果顯示：具有高幽默感的受試者，均有較低的焦慮感。若就諮商歷程而言，關係的建立為諮商初始階段主要目標之一。因此，在諮商初期，幽默的應用將會影響當事人對諮商員的知覺。

Foster與Reid（1983）曾以模擬研究法，探討在諮商晤談中，當諮商員使用幽默時，學生對於諮商員四個方面行為表現的評量關係，即喜歡（likableness）、可親近性（approachable）、創造正向關係的能力、令當事人能更清楚自己所關注為何。結果發現，諮商員以促進式幽默（facilitative humor）介入諮商時，在諮商員的喜歡、可親近性，以及創造正向關係能力這三方面優於以非促進式幽默的介入。Foster 與 Reid 認為此種結果所反映的是：無論諮商員所使用的幽默類型為何，均會影響當事人對諮商員的覺察方式。Megdell（1984）也曾經探討諮商員引發的幽默與當事人對諮商員吸引力的評量這兩者的關係。研究結果發現：諮商員所引發的幽默，在晤談初始階段，能夠促進當事人對諮商員的吸引。

二、幽默可視為一種諮商處遇技術

Omer（1990）在他所著的〈增進治療處遇之衝擊效果〉一文中提到，驚奇（surprise）或其他發生於治療情境中的驚人事件，均有助於增進治療處遇的衝擊效果。Omer將此類發生在治療情境

的驚奇事件，分成三個成分說明：⑴內容：驚奇的內容對於個人
固有的組型，具有解套的效果。就內容來說，這種發生在治療情
境的驚奇事件，可以三種不同型式展現：其一為重新架構，其二
為矛盾，其三為意圖使用震驚與悖理的事物。⑵互動式的驚奇：
在互動式驚奇中，治療者扮演著與預期角色相對立的人。透過與
日常行為的差異，治療者也能達成治療性的驚奇。⑶氣氛：一種
不尋常的氣氛，可能導因於異常的環境或特殊的意識狀態與情緒
的特徵。治療者可藉著培養這些氣氛，使治療者的處遇更為特殊。

　　陳金燕（民 83）指出：在論及將幽默視為一項諮商技巧時，
常與矛盾取向（paradoxical approach）、重新架構（reframing）、
隱喻（metaphor）等相提並論（Dimmer, Carrol & Wyatt, 1990）。
亦即，將幽默的言行與前述的技巧併用。

　　幽默為一種獨特的藝術型式，結合了現實的要素，伴隨驚奇
的誇大與悖理性；在諮商晤談中，諮商員能夠藉著幽默的應用，
協助當事人獲得洞察，並且對自己所處情境發展另類的觀點（Gla-
dding, 1991）。從幽默的表達型式而論，可將其視為一種處遇的技
術。幽默的表達型式種類甚多，諸如：笑話、喜劇、趣味對話、
歌曲、卡通漫畫、趣聞等（Ness, 1989；張景然，民 83）。Glad-
ding 指出幽默與遊戲能以不同的型式出現，如愚蠢的歌曲、可笑
的行為、結構性的活動、笑話與故事。除了這些口語及音樂的型
式之外，遊戲與幽默也能和其他創造性藝術結合，如戲劇與卡通。

　　Ellis（1977）認為情緒障礙大部分包含：將生活看得太嚴肅、
誇大事物的重要性。故 Ellis 自稱常以不同的方式應用幽默，直接
且有力地攻擊當事人的瘋狂信念。Ellis 在他所著的 *Fun as Psycho*

therapy 一文中提到，他曾以自己改編的幽默歌曲來處理挫折容忍力低的個案。

O'Brien、Johnson 及 Miller（1978）指出卡通是一種幽默的視覺型式。由於卡通具有直接性、可利用性、普遍性，以及容易應用，因此，他們認為這種幽默的藝術在促進個人內省上，是一項強而有力的工具，並建議諮商員可以在諮商過程中使用，以為一項額外的策略；或者將其視為當事人的家庭作業，並且鼓勵當事人對自選的卡通題材做討論，以及完成對話。卡通的運用能使當事人表達他的內在經驗，以及顯示其所面臨困難的本質。這種針對不同問題性質的個案，選擇不同型式的幽默介入諮商，除了具有緩衝效果之外，尚能增進諮商員的效能。

根據 O'Brien 等人的看法，他們是將諮商以外的幽默事件或幽默題材介入諮商歷程。這種幽默的使用方式，具有「隱喻（Metaphor）」的意涵。這種幽默的引入，通常與當事人的問題領域有關（Pollio, 1995），或為了培養當事人使用幽默（Salisbury, 1989）等因素而使用。「隱喻」藉著將治療者的知覺、立足點與態度的結構，而使治療歷程具體化，同時也將討論問題方式組織起來，並且予以有效的解決（Berlin, Olson, Cano, & Engel, 1991）。因此，幽默藉著「隱喻」，可以促進當事人的洞察。

Sonntag（1985）曾以質性研究法，實證研究以卡通為諮商方法處理社會孤立的孩童。結果顯示：透過卡通圖片的創造與討論，諮商員能夠了解當事人的情感，且能揭露出導致當事人沮喪的原因，及其與當事人行為之間的關係。諮商員並指出當事人行為的改變，將能導致更令人滿意的社會關係。

三、幽默可視為一項解釋之技術

　　幽默也被認為是治療情境中的一種解釋工具（Grotjahn, 1971; Koelln, 1987; Mosak, 1987）。Madanes（1984）指出：透過幽默的解釋，可以將當事人的問題重新再定義、改變相互的位置，以分享彼此的不幸遭遇，重新再架構或再標籤化情境。Rosen指出幽默能瓦解當事人已建立的敵意，同時也能促進當事人在治療情境中，對諮商員解釋的接受程度（Brown, 1980）。幽默的主要功能之一，就是使我們對當事人行為的說明或解釋，能夠變得比較不具威脅性（Greenwald, 1987）。因此，能夠提高當事人對諮商員解釋的接受程度。幽默的解釋之所以能促進洞察，主要原因在於幽默能邀請當事人在解釋歷程中，成為一個主動的參與者；有時也能協助當事人克服抗拒改變（Kuhlman, 1984）。

　　Mindess以為在治療情境中幽默的解釋，不僅能促進洞察，同時也能促進傾洩、自我接納，以及開放（Mosak, 1987）。Moask指出，幽默的解釋可以提供當事人另一種參考的架構；幽默解釋使諮商員多了一種比傳統更不具威脅性的解釋模式；幽默解釋方式也能引發當事人足夠的焦慮，以蒐集或面質當事人所隱藏的操弄；幽默的解釋可使當事人的問題普遍化，因而讓當事人較能接受自己的問題。除此之外，幽默的解釋也能促進當事人獲得領悟。

四、幽默可視為一種診斷工具

　　幽默表達的內容、對幽默的鑑賞能力、對不同類型幽默的偏好，以及對幽默反應方式，與個人的人格、目前的生活境況，及病態的特徵有關。由於幽默可以揭露個人多方面的潛在特質，因此幽默在諮商中可作為一種診斷工具。經由當事人所引發的幽默，諮商員可藉以診斷當事人的問題、目前生活境況與人格。在諮商情境裡，引發幽默的未必是諮商員，也可能是當事人（Schnarch, 1990）。

　　將幽默視為一種診斷的工具，基本上是針對當事人對幽默類型的偏好，以及當事人所表達幽默的內容做為診斷的依據。這種診斷的依據，與 Freud 對幽默的看法有很大的關聯。Freud 認為幽默可能是通往潛意識歷程的輔助管道，並且強調臨床人員可以利用幽默，以獲得當事人的潛意識材料（O'Maine, 1994）。Rossel（1981）即指出對幽默的反應方式，可顯示出個人社會關係的本質。Nezu、Nezu 與 Blissett（1988）指出幽默最大的價值，在於它能將當事人對於圍繞他周遭特殊情境敘述的選擇類別與分類涉入其中。

　　笑能夠揭露一個人的特質，而且笑話可視為是一種投射技術（Mosak, 1987）。「笑話」也可以顯示出隱藏在診斷標籤背後真實個人的呈現，它們在診斷中相當有助益，而且某些一致性的主題與不同的人格或不同的診斷類別具有連結的關係。在治療中，治療者藉著使用幽默，可以診斷個人的基本信念，以及個人的生

活型態（Richman, 1996）。

　　Cassell（1974）提到在監控心理病患者適應問題時，幽默可以作為一種診斷的工具。Rosenhem 與 Golan（1986）就曾研究歇斯底里（hysterical）、強迫症（obsessive）、憂鬱症（depressed）病人對幽默或非幽默式處遇的偏好。結果顯示：病人對不同類型幽默的偏好，與人格兩者間具有交互作用影響。憂鬱症病患抗拒和發展觀點有關的幽默，但並不抗拒情緒面質與降低焦慮的幽默；歇斯底里症病患則偏好與憂鬱症病患相反的幽默種類；至於強迫性病患，則對於三種類型的幽默皆排斥。因此，Rosenhem 與 Golan 認為人格的退化，以及病人對具有治療性幽默的互動認知和鑑賞能力有關。

五、幽默可視為一種諮商進展之指標

　　Freud 曾提到當事人的笑聲，有時是表示當事人獲得領悟的象徵。Mindess 也指出幽默的表達，可以是反映出治療進展深度的象徵；也可能是治療接近尾聲的象徵（Moask, 1987）。Moask 更詳細地說明為何幽默可視為一種諮商進展的指標。當「微笑」或「笑」這種現象是突然的，而且幾乎是非自願性所迸出來的，導因於當事人完成本身認知連結的表現；或者這種現象是當事人過去從未表現出來者，或者是源於治療師與當事人之間一種分享式的了解，這種被了解的情況，可以令當事人放棄偽裝並接受自己，且使當事人獲得快樂與解放。

六、幽默可視為一項諮商之目標

在治療當中，諮商員可以培養當事人的幽默感，或者教導當事人使用幽默為目標（Dayton, 1989）。Grotjahn（1971）曾提到在治療歷程當中，並無可笑的事物。成熟的笑聲與自發性、力量、精熟、與自由的理想處遇目標，是可以被等量其觀的。從 Grotjahn 所提到的這一段話中，可知培養當事人的幽默感可以成為諮商的目標。事實上，Madanes（1984）也曾提到當事人的幽默，主要是將無意義的世界變成有意義的一種努力。在晤談中，幽默可能是一項強而有力的工具，以促進更積極的參與，同時可以讓當事人於晤談中重新改寫所呈現的故事；更重要的是，在當事人發生改變的歷程中，讓當事人在無幽默的歷史事件發現幽默的成分。

O'Connell（1987）認為幽默使用的根本，可能在於它能提供個人自我認證（ego-identity）方面的重新建構，並可促使個人獲得成長。他同時也指出，幽默是當事人與治療者之間共同的原點，並且認為幽默的適應功能是藉著對所呈現問題的重新架構，以達成因應的目的。至於當事人在使用幽默方面，則需要接受治療師的訓練與協助。Salisbury（1989）指出在治療過程中，治療師可以根據當事人的人格與需求，以協助當事人發現最適合他的幽默類型。

第二節　諮商中幽默的功能

　　幽默在諮商中所能提供的功能，學者們（Dimmer, Carroll & Wyatt, 1990; Huber, 1978; Salameh, 1987; Ventis, 1987）各自依其不同的觀點、角度加以論述。有些學者實際地對諮商員與當事人實施訪談；有些學者則以其自身臨床經驗，提出幽默在諮商中的功能。因此，以這個主題而言，文獻上呈現著多種見解。

　　在一般的工作情境當中，幽默能夠提供以下幾方面的功能：促進溝通、協助建立關係、協助降低壓力、提供不同的觀點、促進個人的參與以及活力化（Steven, 1994b）。至於幽默在治療情境中所能提供的功能，在既存文獻（Chapman & Foot, 1996; MeGhee & Goldstein, 1983; Salameh, 1987）以及臨床的經驗發現，大多不會偏離前述幽默在一般工作場合中所能提供的範疇，只是說明幽默在諮商中的功能上所用的辭彙不同罷了。除此之外，就是強調幽默本身能夠對諮商提供多層面的衝擊效果。例如 Greenwald（1987）就提到，幽默經常允許諮商員可以同時表達不同層次的焦點。

　　幽默是有效治療師促進特質中的一項因素（Salameh, 1987）。幽默也是一種能夠將習慣性或荒謬情境再建構或再標籤化的理想方式；如果以一種反邏輯的防衛或基礎系統來看待不合理的事物，將能使幽默的處遇得到最大的衝擊效果（Madanes, 1984）。在諮商歷程中，若使用幽默倒轉（humor inversion）技術，亦即以相對

或相反的語言刺激當事人再認知自我的歷程（蕭文，民 89），將能使當事人從他們深信不疑的不健全狹隘觀念中得到解放。如果將幽默的創造結合在改善因應利益的治療脈絡中，也將能增進諮商員抵抗倦怠感的產生（Titze, 1987）。Goodman 也指出諮商員在諮商中運用幽默，可以提供幾個功能：為當事人提供另一扇門、維持關係、令當事人緊繃的情緒得以紓解（Crabbs, Crabbs & Goodman, 1986）。

　　從臨床實證研究中，也發現將幽默應用在諮商與心理治療中的正向結果，包括能使當事人吸引諮商員（Foster & Reid, 1983; Megdell, 1984）、壓力的紓解（Prerost, 1989）、有助於面質的實施、澄清，以及對不合理信念的理解（Nevo, 1986）、增進領悟、促進諮商關係、諮商員與當事人彼此的同理與親近（Dimmer, Carroll & Wyatt, 1990）。

　　根據上述，學者們從不同的角度探討幽默在諮商中的功能，的確呈現出差異性。若以諮商為主體來說明幽默在諮商中的功能，似乎可以將這些不同的見解分成三大範疇（管秋雄，民 88）：其一是對諮商員所提供的功能；其二是對當事人所提供的功能；其三則是對促進諮商歷程進行所提供的功能。以下即針對這三方面加以說明。

一、對諮商員所提供的功能

　　以這個角度來檢視，大多是從技術的層面來強調幽默對諮商員所提供的功能。換言之，就是諮商員將幽默視為一項諮商技術

並介入諮商情境中，它可以提供哪些功能？例如：諮商員將幽默視為一種分離的策略，使當事人得以從問題情境中分離，以降低當事人投入的時間或減少偏見；諮商員藉著幽默的運用，提供當事人另一種參考架構，或者作為一種診斷工具；諮商員藉著使用幽默，提供當事人一種反思的歷程，以協助其跳脫原有的問題框架，使其從僵化知覺轉化成具有更彈性／創造力的思考；諮商員也可以藉著幽默的應用，作為面質或挑戰當事人的一種策略；幽默能夠協助諮商員與當事人建立關係；幽默具有「一點靈」的效果，在某些重要的關鍵時刻，諮商員可以藉著幽默技術的介入協助當事人解套（蕭文，民89）。Farrely 與 Lynch（1987）也指出幽默的功能之一，就是為諮商員提供一種方式，促使當事人從一種固定的、狹隘的，以及功能失調的知覺方式，朝向更彈性化的、更廣闊的，以及更實用的知覺方式。幽默在諮商員解釋資料時，使當事人更能接受、防止引發抗拒、維持諮商員與當事人之間的平衡關係，以及強化諮商員為了描述某項原則所舉的例證與想像（Driscoll, 1984）。Salameh（1987）認為治療師若使用幽默，或者以幽默的觀點鼓勵當事人，是一種間接教導當事人治療態度方面機轉的支援系統。這些資源在當事人面臨情緒沮喪時，將能為當事人提供另類觀點，而使當事人得以自我教育與獲取勇氣。治療的處遇，由於受到諮商員將幽默的引入而效果大增；其主要原因在於，諮商員視幽默為一種較新鮮的參考架構，將其介入當事人的認知結構。幽默也能以一種非威脅性與接納的態度，澄清當事人許多自我挫敗的行為，並且也能以戲劇化或強而有力的方式，提供新的資料與較佳的解決問題方法（Ellis, 1987, 1977）。

　　除了上述功能外，幽默對於諮商員還提供了一項重要的功能，如 Fry 與 Salameh（1987）所述，由於諮商員在諮商中使用幽默，可以改善諮商員內、外在的因應方式，例如：(1)具有較高的生涯滿足感。由於幽默是一種較有效的治療工具，所以能夠導致較好的結果。(2)具更積極的互動，以及在諮商員間能有較佳的團隊士氣。(3)比較全面、且更實際的自我接納。這些傾向本身能夠相互促進，以及有目的地對抗職業倦怠，更能使諮商員的諮商風格產生轉變。

二、對當事人所提供的功能

　　幽默對當事人所能提供的功能，主要是發揮在當事人改變歷程中。當當事人在接近關鍵的洞察或突破時，幽默是最有效的。由於幽默所提供的疏離以及客觀性，使當事人得以在一種安全與支持的氣氛下，去改變重要的自我知覺（Killinger, 1987）。幽默也具有讓當事人在荒謬中產生頓悟的功能（蕭文，民 89）。Ellis（1977）認為幽默能幫助當事人笑他自己，也因此能接納自己的缺陷與弱點；藉著參與治療者幽默式的隔離，幽默可以協助當事人發展一種客觀的超越；幽默能戲劇化地、冷不防地干擾當事人某些古老的、失調的思考組型；並且由於安排使用新的、更有效的思想、情緒與行為組型，幽默能幫助許多當事人矛盾地思考，以及做出與日常行為方式相反的行為。因此，能令當事人做出許多他們自己認為無法做的事，如：行為較不焦慮。幽默也提供當事人轉移注意力的要素，至少得以暫時干擾自我挫敗與敵意創造

的念頭。幽默也向當事人揭露出生活的悖理性、現實性、歡笑，
以及有趣性；幽默也能有效地顛覆當事人的誇大性。

三、對促進諮商歷程方面所提供的功能

關於幽默對於諮商進行方面所能提供的功能，主要著眼於幽
默能夠提供一種比較輕鬆、愉快的氣氛；這種愉悅輕鬆的氣氛，
對於嚴肅的諮商情境具有潤滑的功能。因此，幽默可以促進諮商
歷程的進展。Ellis（1977）就指出，幽默能緩和許多被認為是有效
治療要素中，單調與過分嚴肅的重複性與教條式觀點。除此之外，
幽默也能夠協助建立「投契關係」，同時也能使當事人維持興趣，
以及能夠有效瓦解氣憤與緊張（Sluder, 1986）。也因為幽默的脈
絡，能夠協助諮商員創造出自由與開放的治療性氣氛，此種建設
性的正反性情感並存的方式，本身即具有治療性（Greenwald,
1987）。

Ventis（1987）認為幽默與笑，可以顯示出它們能有效地促進
許多治療處遇的歷程。因此，在諮商歷程中運用幽默，可以促進
諮商歷程的進行。蕭文（民89）即指出：針對諮商關係的不圓滿
／不理想，諮商員使用非傳統的方式，包括差異性的語言，以打
破當事人對諮商員的刻板印象，增加當事人對諮商員的接納度，
進而減低當事人的焦慮防衛與抗拒。

實務篇

6

幽默技術的意涵與類型

第一節　幽默技術之隱含意義

　　在本書第五章，我們從幽默所具有的治療特質，論述幽默之所以可以成為一項諮商技術這個問題。由於在心理治療與諮商領域中，「幽默」這個術語在諮商情境當中具有多重的涵意，因此，當幽默成為諮商員在諮商情境所使用的一項諮商技術時，有哪些隱含的意義在其中？

　　雖然，Madanes（1984）曾經提出幽默可以成為一項諮商技術的可能性，但是她並未說明諮商員該如何使用幽默。她認為所有幽默似乎都具有蔑視的成分在其中。如果將這種蔑視成分加以修

飾，可成為一種治療的技術；並且以為「失諧」是幽默與各種不同矛盾處遇的共同要素。

從「技術」的涵意來看，它所指的不僅是能力的表現，同時也指在某一個特定的領域當中，一組特殊的手續與方法（Strupp, 1986）。因此，當我們將幽默視為一項諮商技術時，它所隱含的意義就顯得相當重要。因為它規範了諮商員為何使用幽默、如何使用幽默，以及何時使用幽默；同時也界定了在諮商情境中，幽默可能扮演的角色與提供的功能。

幽默在治療情境中的應用有兩種類型：其一為意識使用的技巧；其二視幽默為情境的副產物（Pollio, 1995）。如果將幽默視為技術時，那麼幽默隱含著被計畫與被安排的某些事件，但是自發性仍然不失為有效幽默的要素（Kuhlman, 1984）。因此，**將幽默視為一種諮商技術，我們必須將幽默視為諮商員意圖在諮商過程中操弄的技術**。如在刺激療法（provocative therapy）中，治療師會使用誇張、模仿、嘲笑、扭曲、諷刺、反諷、笑話等幽默刺激當事人，以達到治療的效果（林瑞瑛，民86）。

自從 Martin（1984）提出諮商歷程模式的概念，探討諮商歷程的研究漸增，並強調直接對諮商情境中，諮商員與當事人彼此的認知運作進行研究；更將其與互動行為及諮商結果連結，以進一步了解影響諮商效果的因素（賀孝銘、陳均姝，民84）。「諮商歷程」的研究，係指對諮商過程中所發生的一切現象，包含對諮商員與當事人外顯和內隱的互動行為所進行的研究。根據 Heppener、Kivlighan 與 Wampold（1992）的看法，歷程研究提供一種對諮商互動的分析方式。在此種互動中，包含諮商員、當事人，

以及兩造間所涉入的關係。歷程研究企圖去刻劃在諮商期間發生什麼改變，歷程研究的焦點在於諮商與心理治療晤談中發生何事，在歷程研究裡，我們想要了解的是什麼因素使得諮商有效？該如何幫助當事人改變？以及該如何方能成為一個更好的諮商員或心理治療師（Hill, 1991）？

基本上，歷程模式主張諮商員的意圖引導著諮商員的反應模式，依序導引出當事人的回應，接著就是當事人所表現的外顯行為（Hill & O'Gray, 1985; Hill, Helms, Spiegel & Tichenor,1988）。在整個諮商歷程當中，有學者將它區分為四個層面的問題：內容（已說的話）、行動（已做的事）、風格（如何說或做），以及品質（做得如何）（Elliot, 1984; Russell & Stiles, 1979）。也有部分學者將諮商歷程研究的內容區分為內容、行動、風格、品質、意圖和反應等六個層面（Elliot, Hill, Stiles, Friedlander, Mahrer & Margison, 1987; Heppner et al, 1992; Hill et al, 1988）。雖然諮商歷程中所探討的對象在分類上具有些許的差異，但是以歷程研究的目的而言，仍然是在探索諮商的過程中，什麼因素使得諮商有效、該如何幫助當事人改變，以及該如何才能成為一個更好的諮商員等這些問題。

諮商員在諮商過程所使用的技術，仍然被認為是有效諮商的一項重要影響因素。在諮商過程裡，諮商員最常使用的技術就是透過口語反應來傳遞（Hill, 1978）。以前述歷程研究內容中的六個層面來說，行動層面指的就是一般歷程研究者所稱的口語反應模式（Elliot, 1984; Russell & Stiles, 1979）。這種諮商員的口語反應模式或意圖，是諮商員所使用的一般性技術活動（Elliot et al,

1987）。Elliot等人認為諮商員的這種活動，就是用來與當事人互動的方式。以口語反應模式而言，指的是諮商員如何介入諮商；意圖是諮商員選擇某一項處遇的認知中介成分，它所提到的是有關「諮商員為什麼這樣做的問題」。但是處遇或技術所提到的是有關「諮商員做了些什麼的問題」（Hill & O'Gray, 1985）。換句話說，所謂的意圖，指的是諮商員在某一個特定晤談時間內，為了當事人而選擇使用某一個特殊的行為、反應模式、技術或者處遇的理由。

在諮商歷程中，既然諮商員最常透過口語反應模式來傳遞他們所使用的諮商技術，因此，從技術的觀點來看，幽默在歷程研究的意涵，應該就是指「**諮商員將幽默視為一項技術，並選擇使用幽默以介入諮商歷程中**」。依此，在諮商歷程的研究中，幽默應被定位於行動層面；而行動層面在歷程研究的六項內容中，應該就是一般歷程研究者所稱的口語反應模式。換言之，幽默技術應該是諮商員在諮商歷程中，意圖使用的一種反應模式。

第二節　幽默技術

雖然幽默在諮商與心理治療領域中，可具有如此多的功能，然而截至目前尚未形成有系統的理論（Cassell, 1974）。從「**歷程研究**」觀點來看，幽默技術定位於行動的層面，即所謂諮商員的「**口語反應模式**」。

當幽默置於諮商領域中探討時，由於研究方法與研究者在諮

商中探討幽默的方向不同，以至於在諮商領域中的幽默意義與原有的幽默意義上有些許的差異。關於幽默技術的分類，同樣也呈現出不同的風貌。在相關的文獻上，曾經提出幽默技術之學者，如 Salameh（1983）將治療的幽默技術分成十二種類型：驚奇、誇大、悖理、人類條件、失諧、面質／確認式幽默、文字遊戲、隱喻式歡笑、人格化、關聯化、悲喜扭曲、身體式幽默。Killinger（1987）將治療師的幽默處遇分成七種類型：誇大或單純化、失諧、非預期或驚奇、事實揭露、優越或嘲笑、壓抑或釋放、文字遊戲。Falk 與 Hill（1992）也曾發展「治療師幽默類型表」，包括相互排斥的十一項幽默技術：事實揭露、誇大／單純化、驚奇、貶抑、壓力釋放、失諧、文字遊戲、非口語式幽默、軼事奇聞、其他幽默、非幽默式處遇。蕭文（民 89）也曾提出七種不同的幽默技術：驚奇、不一致的／失諧／倒轉、矛盾的／反思的、誇大的／可笑的、打破禁忌、自貶、黑色幽默。

　　由 Killinger、Salameh、Falk 與 Hill 等人所發展的幽默技術類別，基本上是以幽默為主題，對諮商中的事件加以研究，進而發展出所謂幽默技術。根據這幾位學者所發展的幽默技術過程，有一個共同的特徵，即參與研究的諮商員在進行晤談之前，皆未曾接受任何有關幽默方面的訓練。至於發生在諮商中的幽默事件判定，則是依據既存的諮商錄音帶中，從具有幽默反應的地方，依晤談內容，分析諮商員使用的技術；關於幽默反應的判定是由研究者事先訓練的評量者，根據幽默刺激要素或幽默外顯反應加以判斷，並予以標示。最後由研究者將所標示的幽默事件，詢問諮商員當時使用該項技術的意圖。如果依據「技術」的意義來看，

應用這種方式所發展而成的幽默技術，嚴格說來並不足以稱其為幽默技術，或許僅能稱它們為存在於諮商中可能的幽默類型而已（管秋雄，民88）。

在諮商中對幽默的研究，有兩種不同的方向：第一是以幽默為主體，以探討諮商情境中所發生的幽默現象；另外則是以諮商為主體，探討諮商員如何將幽默介入諮商情境。後者強調的是諮商員將幽默視為一項技術，並應用在諮商情境。因此，**當幽默轉換成諮商技術概念之後，只要諮商員在晤談情境中使用晤談情境外的幽默題材介入晤談過程、或諮商員運用幽默要素於晤談情境中、或諮商員在晤談過程中創造出幽默反應等，皆可稱為幽默技術。所以幽默若要躋身諮商技術之林，必須是為諮商員有意識使用的技巧**（Pollio, 1995），**而且還必須是隱含著被計畫與被安排的某些事件**（Kuhlman, 1984）。換言之，諮商員於晤談中是有意圖的使用幽默，而非僅是一種自然發生的事件。若以研究方式而言，應該是將諮商視為主體，以探究諮商員意圖在諮商歷程中應用幽默的事件。具體言之，就是諮商員於晤談之前，即已具備使用幽默技術的能力。對此，Salameh（1983）也曾表示：諮商員欲在諮商中使用幽默技術，必須先接受訓練。

管秋雄（民88）曾以實證研究的方式，探討諮商員在經過幽默諮商訓練後，與當事人晤談過程中意圖使用幽默技術。在他的研究設計中，是採用與前述的研究者相反的思考邏輯方式，即安排經過訓練的諮商員和不同的當事人進行諮商晤談，並於晤談結束後，進行諮商員的訪談，詢問諮商員在該次晤談中意圖使用幽默技巧的段落。研究結果發現：諮商員所使用的幽默技術，可綜

合歸納成十五種類型。

在該研究中所採取的分類方式，是根據諮商員技術使用的觀點，並參考諮商員於訪談中，對於使用該技術的意圖加以分類。關於幽默技術類型的命名，則由評量者參考學者 Falk 與 Hill（1992）、Killinger（1987），以及 Salameh（1983, 1987）所使用的名稱。這十五種類型分別是：

1. 事實揭露

諮商員以幽默方式，藉以挑戰當事人對自己和他人，或自然現象的某些假設。

2. 文字遊戲

諮商員以愚蠢的、荒謬的、空洞的、隱喻的或不合理的形式使用文字，以表達幽默，藉以傳達治療的訊息。

3. 驚奇／驚訝

諮商員使用非預期發生之反應方式，將治療訊息傳達給當事人。

4. 悖理

諮商員使用愚蠢的、荒謬的、無聊的、不合乎秩序的方式傳達治療之意圖。這種方式並不需要有任何的邏輯理由存在。

5. 面質／確認式幽默

諮商員對當事人的不適應行為與自我挫敗行為提出面質，同時並向當事人確認其身為獨立個人的價值。

6. 關聯化

在一個比較大的場景中，諮商員使用同一個脈絡下的事件，使當事人失去絕對性的光環。

7. 隱喻式歡笑

諮商員使用治療性說故事的方式，以隱喻式的建構、推理、童話故事或者寓言故事，以協助當事人獲得洞察或理解舊行為組型之不適切性。

8. 失諧

諮商員將兩個或更多在平常無法並存的想法、情感、物體予以結合起來，令當事人產生失諧狀態。

9. 人類條件

諮商員提到有關多數人所面臨的問題時，以一種比較幽默的觀點去強化它們的共同性。

10. 誇大誇張

有關於尺寸、大小、比例、數量、情感、事實、動作方面，諮商員很明顯地使用過分的陳述或將其輕描淡寫。

11. 諷刺／反諷／貶抑

諮商員藉著貶抑、嘲弄、批評某人，或當事人的外表、行為、說話型態等，以愚弄當事人或其他人。

12. 悲喜扭曲

諮商員將當事人有害的、悲劇的能源，轉換成具有建設性的、喜劇的能源。本項技術須在特定現象下隱含或清楚地呈現出悲喜兩極並存之要素，其後緊跟著的是這兩極之間一種幽默的綜合，並使這兩個並存的極端得以調和，最終導引出笑聲。

13. 自貶

諮商員以消遣自己的方式，對當事人傳達治療的意義或示範幽默。

14. 矛盾

諮商員以幽默的方式，企圖違反當事人的意志，或藉著誇大當事人的不適應行為，以傳達治療的訊息。

15. 人格化

諮商員幽默地模仿當事人典型的口語反應或不適應行為，以及當事人前來諮商時，所引發出來對重要他人之不適應行為。

實際上，幽默技術的類型可能不止於這十五種類型。除了幽默的意義與其產生的脈絡具有相當的關聯之外，分類角度的差異亦可能造成此種現象。換言之，由於不同分類標準的差異，即使是相同的一句話，在不同的脈絡當中，除了意義不同外，再加上分類依據的標準不同，可能被分成不同的幽默技術類型。由於諮商員與當事人的差異、諮商脈絡的不同、問題性質的不同等等因素，以至於每次晤談的個別差異甚大，再加上在幽默的認定上甚

為主觀，因此，這十五種幽默技術或許僅是在該研究中諮商員所使用的幽默技術類型，並非幽默技術只有這幾種類型而已。所以，「幽默技術」應該將其界定為諮商員在諮商歷程中，意圖使用一群源於幽默概念的技術的一群反應模式的總稱，而非單一的技術（管秋雄，民88）。

第三節　諮商中使用幽默的型式

　　幽默在諮商情境中使用的型式，學者們的見解相當分歧。究其原因，除了幽默本身概念複雜之外，諮商員或研究人員如何界定諮商中幽默之意義、在諮商領域中對幽默事件的認定、對諮商中幽默起源、各諮商學派如何界定幽默的角色，以及研究人員是以諮商為主體研究諮商中的幽默事件或者以幽默為主體研究諮商中的事件等觀點不同，均可能造成此種結果。如 Sluder（1986）指出，幽默使用型式包含角色扮演（role playing）、晤談中交換說笑話（joke-swapping sessions）、開放式語句（open-ended senten-ces）、卡通拼圖（cartoon collages）、布告牌（bulletin bo-ards），都是相當有效的幽默技術。

　　Gladding（1991）也指出幽默與遊戲能以不同的型式出現，如愚蠢的歌曲、可笑的行為、結構性的活動、笑話與故事。除了這些口語及音樂的型式之外，戲戲與幽默也能和其他創造性藝術結合，例如戲劇與卡通。

　　Killinger（1987）則認為只有在治療師與當事人之間的立即性

互動中，由治療師自發性與創造性地去發展出幽默，才能捕捉或分析出其本質或意義。她認為諮商員在主動聆聽的歷程中，企圖去了解當事人正在想些什麼、說些什麼，如此，諮商員才能在重要的關鍵點上，藉著創造一種幽默的文字圖像，以架構出當事人的動力的本質，並將焦點置於處遇上。因此，幽默的處遇或許僅是一種隱喻或是有趣的文字圖像而已。

Driscoll（1987）指出，幽默經常自發性地發生在晤談當時的動力中，而且很容易在晤談之後被遺忘。由於幽默常常是片斷的、奇妙的，而且與當事人立即性關注焦點緊緊相連。在其他的情形下，如果諮商員能夠記住發生在其他的晤談或脈絡的幽默事件，將可引用該幽默事件於類似情境的晤談中。Driscoll 稱此種幽默為庫存幽默（stock humor）或標準式幽默（standard humor）。

Madanes（1984, 1987）曾描述在治療情境中，幽默的使用可分成兩大型式。其一，**為使用語言再重新定義情境；** 其二，**為根據行動改變事件發生的路徑，以及修飾互動的結果。**同時也強調情境的幽默架構，能令當事人突破當前問題情境的脈絡，以及忽略晤談中的衝突。雖然 Madanes 曾經陳述，在治療情境中幽默的使用可分成兩大型式，然而這種對幽默使用型式的分類方式，對於諮商員欲在諮商情境中使用幽默技術而言，尚不夠具體。

因此，探討幽默在諮商中使用的型式方面，首先必須確立我們將從何種立論角度去審視這個主題。例如在管秋雄（民88）的研究當中，以諮商為主體，並從諮商員技術使用的角度去探討諮商員在諮商過程中，所使用的幽默技術型式。研究結果發現有三種不同使用方式：

其一，諮商員以幽默的口語介入諮商過程。

其二，諮商員使用傳統的諮商技術，但該諮商技術本身亦屬於幽默技術。

其三，諮商員將幽默結合在其他諮商技術中使用。

由於我們所探討的主旨，在於論述幽默在諮商情境中的應用，自然是以諮商為主體，以探討諮商中使用幽默的型式。幽默技術使用的精髓，是以諮商員同理心為基礎、諮商員的意圖為要。而諮商員能否清楚諮商脈絡、能否掌握運用幽默的時機、是否具備幽默題材或創造幽默的能力，則是決定幽默技術使用成功與否的要素。換言之，幽默技術的應用，必須能達到意圖應用幽默技術所預期的效果。從這個角度檢視，我們可將幽默使用型式分成兩大類型（管秋雄，民88）：

1.**諮商員將諮商情境外的幽默事件或題材介入諮商歷程中。**此種幽默使用的型式通常含有隱喻的成分在其中；或者運用幽默題材以為諮商的媒體。這種發生在諮商中的幽默事件，是源於將諮商外的事件引入諮商歷程中，如：幽默故事、卡通、幽默歌曲、戲劇等的運用。

2.**諮商過程中，諮商員根據幽默刺激的要素或以幽默反應的要素等，並視當事人的問題本質、當事人與諮商員互動的關係、當時諮商情境因素等等，以創造出幽默的反應。**在此種幽默的使用型式中，幽默事件是源於諮商情境中當事人與諮商員的互動所產生。例如：諮商員在諮商歷程中，創造出失諧、誇大、矛盾等現象，以產生幽默的反應。

7

幽默技術使用的時機與意圖

第一節　幽默技術使用的時機

　　學者們強調幽默的意義，顯現在其內容與脈絡中（Aurora, 1990; Kuhlman, 1994; Pollio, 1995; Schnarch, 1990）。因此，以幽默在治療情境中的使用而論，諮商員該如何掌握適切的時機，才能將幽默介入諮商並予以應用，是成功應用幽默技術的一項必備條件。Driscoll（1987）指出良好的幽默需要注意力（attention）、個人的關聯（personal connection），以及對當事人目前所關注主題的敏感性。根據學者們從不同角度與觀點，論述幽默在諮商中的角色以及功能來看，**幽默技術在諮商應用的最佳時機，乃當諮商陷入「僵局」之時。如：當事人表現沉默、抗拒、敵對、防衛、尋找藉口、抗拒改變；或當事人陷入情緒死結、跳脫不出問題情**

境的範疇；以及當事人在思考方面無法脫離其僵化的思考模式。蕭文（民89）認為幽默的使用是在幫助個案「脫困」，一旦個案能因幽默的介入而出現情緒的鬆弛、頓悟、增進改變的能量，或是能以較積極的角度看待自己的問題時，諮商將能夠持續下去。以這種角度來看幽默介入之時機，他指出下述幾種諮商情境將是幽默介入之最佳時機：

　　1.諮商關係處在一種卡住（block）的情形，個案表現出沉默、抗拒、不合作，甚至表現相當的自我防衛。

　　2.個案陷入自己情緒的死胡同，跳不出問題的框框。

　　3.個案出現不合理的信念。

　　4.個案拒絕改變，並不斷地找藉口。

　　5.個案出現僵化的思考模式。

　　6.個案出現相當的焦慮。

　　關於這個問題，Polio（1995）也曾提出一套危機諮商中使用幽默的過程，可供我們作為參考。

　　1.使用幽默技術之前的評估：諮商員必須檢視個案是否具有下列情形：

　　⑴當事人是否有陷入僵局的情形？

　　⑵當事人是否有僅做單向思考的情形？

　　2.幽默技術介入過程評估：諮商員在運用幽默技術時，應注意以下情形：

　　⑴覺察當事人的現象世界（如：知覺、態度、內在衝突）。

　　⑵使用幽默技術時，應運用當事人所能了解的語言。

　　⑶準備適切的幽默例子。

3.檢視幽默技術使用後結果的評估：諮商員在運用幽默之後，對整個諮商情境可能產生以下兩種不同的結果：

(1)正向的結果：包括打破僵局、重新建構衝突情境、釋放或重新獲得能量、感受人性的條件。

(2)負向的結果：包含無效、增加不良的情緒經驗、情境混淆，以及貶抑當事人。

4.再評估的過程：諮商中使用幽默的結果，假如是上述第一種正向結果時，即可解決當事人陷入僵局的情形；若帶來的結果為第二種負面效果時，諮商員必須採取下列策略因應：

(1)以新的幽默介入。

(2)不介入幽默。

(3)補償當事人。換言之，當當事人誤解諮商員使用幽默的意圖時，須向當事人說明使用該幽默的涵意及意圖。

管秋雄（民88）曾以實證方式探討諮商歷程中，諮商員意圖使用幽默技術的研究。結果發現在諮商過程中，諮商員意圖使用幽默技術的時機，可分成三大類型、十一種不同的時機。他表示**在諮商歷程中，存在著許多可以應用幽默技術介入的情境。然而在這些情境的選擇上，隨著諮商員個人使用幽默技術的類型、使用幽默的類別、諮商員意圖的不同而有差異。**即使是在相同的時機下，由於諮商員本身對幽默技術介入方式的偏好，以及意圖的不同，在幽默技術使用上也有所不同。事實上，**諮商員在時機的選擇方面，也深受其對時機的覺察，以及他本身對幽默技術使用能力的影響。**為了讓有意在其諮商晤談情境中使用幽默技術的諮商員也可以應用該項技術，特別從諮商員使用技術的角度來分析，

其目的主要是讓諮商員更能掌握幽默技術使用的時機。以下將引述該研究中所發現的結果，分別說明這三大類型、十一種不同的時機。

一、諮商員覺察到與當事人相關的現象時

所謂諮商員覺察到與當事人相關的現象，指的是在晤談過程中，當諮商員覺察到當事人所揭露的內容、呈現的問題性質或人格特質等等，意圖使用幽默技術介入晤談情境，以達到預期的諮商效果。

㈠當諮商員覺察到當事人呈現出預期的擔心、預期無法達成目標、預期問題無解的狀況

在晤談過程當中，諮商員覺察到當事人表現出對未來具有預期的擔心狀況，或者對自己的問題預期無法解決的情況時，會以幽默的技術介入當時的情境。有關介入的意圖，將隨著諮商員的不同而有所差異。在此種時機下，諮商員以幽默方式回應當事人，其意圖不外乎誇大當事人此種預期擔心、紓緩此種預期心理對當事人的影響，或者提供另一個參照架構來看待問題。如以下對話：

> CL：不是，我是說這個……我們談一談哪。然後有一些事情
> 　　我應該去做。可是我沒有去……在私下那些……這裡的
> 　　我好像沒有做到。我會覺得有點……不好意思。
> CO：會不會被人家砍頭哈……哈。

　　解析：在此例當中，諮商員和當事人在前次晤談時，曾經交代當事人家庭作業，但是當事人並未如期完成。諮商員覺察到當事人對晤談的進行有一種預期擔心的狀況，因此，採用幽默技術介入，誇大當事人的擔心，使晤談的氣氛更輕鬆，以降低當事人對此未完成工作的擔心。

㈡當諮商員覺察到當事人呈現出矛盾、不一致、迷惑、掙扎、困擾、陷入問題情境中等狀況

　　諮商過程中，諮商員覺察到當事人所揭露的內容呈現出矛盾、不一致的現象，或者在情緒上表現出迷惑、困擾的狀況，以及陷入問題情境無法跳脫時，意圖使用幽默技術；至於以幽默技術介入的意圖，則視當事人所呈現的現象，以及諮商員使用幽默技術的類型而定。但主要是以協助當事人了解自身的矛盾、點出情緒困擾的原因，或者以幽默的技術協助當事人跳開問題的情境，以不同的角度來看待問題，或者提供另外一個參考的架構。例如以下晤談中的一段對話：

CL：其實我在想，其實我媽可能是大部分都用行動來關心，她可能不會用言語說，她是那種可能……可能比較不會，就是比較會同理這樣子。可是她就是會用行動來說：「哦，妳要多吃一點」，就會弄很多水果那樣，弄了一袋，然後補品這樣子。

CO：我聽到妳在替妳媽媽說話。

CL：對呀，其實我媽在其他方面都對我很好，對呀。只是這

一部分，其實我也不會怨恨她，也不會很氣她……她當
初這樣。可是，就是哦～怎麼講……對呀！

CO：我不太生氣，可是很氣而已。

解析：在這一段對話當中，諮商員覺察到當事人所表達的內
容裡，在對母親的情緒上呈現出矛盾、不一致的現象。因此，諮
商員決定使用幽默的技術，介入當時的晤談情境中，以指出當事
人所揭露內容的不一致處，以及當事人對母親情緒表現上的矛盾。

㈢當諮商員覺察到當事人呈現出愧疚、負面自我評價、兩種不同的評價標準、僵化或單向思考模式、偏差觀念等情形

晤談過程中，諮商員覺察到當事人的認知方面呈現出愧疚、
負面自我評價、兩種不同的評價標準、僵化或單向思考模式、偏
差觀念等情形時，會使用幽默的技術介入情境當中。當事人所呈
現的狀況不同，諮商員以幽默介入的意圖亦將隨之改變，主要是
協助當事人降低愧疚感、覺察自我內在評價、偏差的觀念，以及
幫助當事人跳脫僵化的思考模式。例如以下一段對話：

CL：然後第二個，對，我就跟他說：因為學校要準備考試，
期中考快到。然後就說：其實他可以就是到圖書館；我
在讀書的時候，他來陪我。然後他可以自己看武俠小說
啊這樣子。

CO：噢噢噢，是他在幫你想～要應對、推測；噢你沒有時間
陪他沒關係，但他可以陪你。他可以陪你用功，你滿意

他的答案了嗎？

CL：嗯～滿高興的啊（哈哈）！可是我想說不要太常常這樣子。

CO：噢！

CL：對，因為如果說我一整天都……待在圖書館的話，他會很可憐！對。

CO：他不覺得啊！他會這樣覺得很可憐噢。

CL：就是多少會。

CO：哦～他會透露那個可憐的訊息給你知道噢。

CL：我感覺，對呀！

CO：是你不要讓他太可憐，那就直接把他轟出去；你也可以看哪（哈哈）！所以聽起來問了這些問題，原本是不太敢問的，可是問出來好像沒那麼困難。然後他的答案好像也……還及格的那個味道（哈哈哈）。聽起來也滿舒服的。問完之後，你覺得你們倆的關係有更清楚一點嗎？

解析：本例當中，諮商員覺察到當事人陷入一個僵化的思考架構中，所以諮商員應用幽默技術，以誇大當事人的內在心境。

㈣當諮商員覺察到當事人對情境覺察能力較弱、經驗覺察出現盲點或缺陷的時機

晤談進行中，諮商員覺察到當事人對情境覺察能力較弱、經驗覺察出現盲點或缺陷等情形時，會以幽默技術協助當事人提升

其覺察能力；其運用的方式，隨著諮商員使用幽默技術類型的不同，而有所差異。可能是將幽默注入其他諮商技術中，以增進當事人對活動的參與，換言之，即強化其他諮商技術的功能；或者藉用隱喻的方式，提升當事人對經驗的體驗深度。例如以下的一段對話：

CO：那我聽到有點矛盾，一方面你覺得自己的問題沒解決，都不像別人那麼快樂，那別人告訴你說那你不要一直想不快樂的事呀，你要想快樂的事，你會覺得不行。我聽起來有一點好像緊緊地抱著這些不快樂的想法，抱得好緊哪不願意放掉這樣子。那我可不可以這樣說，這些不快樂的想法是你的好朋友，你覺得呢？

CL：它們真的是很爛的好朋友。（有微笑聲）

CO：覺得它是很爛的好朋友（有微笑聲），你現在的表情就有笑。告訴我你的感受，或是想要怎麼樣。

CL：因為我跟你開玩笑這樣笑啊！（有笑聲）

CO：你在跟我開玩笑？

CL：很爛的好朋友啊！（有笑聲）

CO：對，這也是有一點意思啊！你來說說看好不好。怎麼樣是很爛的好朋友？

解析：在本例中，諮商員將當事人的不快樂想法比喻成當事人的好朋友，當事人也認同諮商員的比喻方式，更將好朋友比喻成爛朋友。諮商員藉此繼續引導當事人探討她的這位很爛的好朋

友。

㈤當諮商員覺察到當事人感覺不自在、無力感或缺乏活力

　　在諮商晤談當中，諮商員覺察到當事人在晤談時，感覺不自在的情形；以及在晤談中，諮商員覺察到當事人在活動的參與上或演練某些技術時，表現出無力感或缺乏活力的現象時，會以幽默技術介入當時的情境中。至於介入的方式，則隨著諮商員使用幽默技術的類型，以及當時的意圖而定。就當事人感覺不自在的情況下，諮商員使用幽默的意圖，不外是解除當事人不自在的情形，並使晤談的氣氛活絡；就當事人參與活動的表現方面，其意圖主要是在催化當事人參與活動，以及讓活動的進行更為趣味化，其目的則是令當事人能更積極地參與活動與技術的演練。例如下列晤談中的一段對話，可以充分表現諮商員在此一時機下，所使用的幽默技術：

　　CO：聽到你……很多事情都寧願坐在那裡而不願意去做，那
　　　　坐在這邊一定有很多好處囉，你才喜歡選擇在這裡對不
　　　　對？坐在這個位置上一直表現出你心情是一種賴在那裡
　　　　的感覺；在地上耍賴的感覺。可不可以告訴我耍賴的感
　　　　覺是怎麼樣的好，讓你可以想要在那裡。
　　CL：什麼都不想。
　　CO：什麼都不想這是一種好的感覺。怎麼樣好，告訴我好
　　　　嗎？耍賴多好！
　　CL：耍賴不好。

CO：很好呀！要不然你幹嘛一直耍賴。好，我們假設你耍賴
很好，可以嗎？好，說說看什麼理由。對對對還要放一
點東西，我這邊就是沒有枕頭給你抱，抱椅子好了哦，
耍賴這樣才有依靠的感覺。好，告訴我耍賴多好，因為
你現在壓力好大啊～耍賴是會比較好一點。

解析：從上述內容，可以發現諮商員主要是藉著將幽默的要
素注入活動過程中，以令當事人更積極地參與活動的進行。在本
例中，諮商員主要使用的諮商技術並非幽默技術，但是卻將幽默
的要素注入活動中，使得當事人更願意參與活動的表演，並從中
獲得洞察。

㈥當諮商員覺察到當事人有多種需求、背負過多的責任、超越
應有的表現

在諮商過程中，諮商員發現當事人表露出具有多種需求、背
負過多的責任；或者從諮商員的個人觀點，發覺當事人在實際生
活上的表現，已經超越其應有的表現時，將會意圖使用幽默技術。
其意圖可能是表達同理、誇大，或者對當事人所揭露的做一個摘
要。這種意圖的傳達將隨諮商員而異。例如以下在晤談中所進行
的一段對話：

CL：我覺得滿矛盾噯！有時候我會跟自己說，妳放心，就苦
這麼一點，就妳能，反正只剩一年在學校啊，妳能做的
事情就盡量做嘛；那當我這樣想的時候，我就會很有動

力，我就會覺得說，反正別人能，我也能啊，對呀。可是，這是一方面。那有時候又會覺得好像輔導又不是我很喜歡的，我為什麼……就會沒有什麼動力。可是自己就會覺得很掙扎啊，一下這樣，一下那樣。嗯～可是其實我覺得啦，到最後我都會沒有時間去想，沒有時間去感覺。我就是一直去完成我該完成的作業啊、方案啊、計畫這些。我就一直去做些事情，做做做……做，都沒有時間去感受這些。

CO：聽起來妳是被責任追著跑，來不及去體會自己的感受，也沒有空閒留下來給自己做什麼感受，只要活著就好，能活下去就已經很了不起了。

　　解析：在本例當中，可以發現諮商員對當事人所揭露的部分，以誇大的口語對當事人回應。其中不僅表達出對當事人目前的生活處境做了同理之外，在某種程度上也對當事人目前所處的狀況做了一個摘要。

㈦當諮商員覺察到當事人所揭露的內容有趣、誇張、嚴肅，或者以幽默的方式揭露

　　於諮商會談中，若諮商員覺察到當事人所揭露的內容有趣、誇張、嚴肅，或者當事人以幽默的方式自我揭露的時候，也是諮商員採用幽默技術的時機。至於幽默技術使用的類型以及意圖，則隨著當事人所呈現狀況的不同，以及諮商員慣用的幽默技術而有些差異。例如以下一段對話：

CO：那個……混亂的感覺是妳的感覺，還是……不是妳的感
　　覺。

CL：對呀！

CO：是妳的感覺喔！但是妳感覺自己沒有權力來……決定這
　　個感覺在哪裡？如果妳有……如果妳有的話，那妳會想
　　要怎麼樣？呃～～妳會……妳打算怎麼處理？

CL：嗯～嗯～哈，好抽象喔！（當事人邊說邊笑）

CO：嗯哼！覺得把它放在袋子裡面？

CL：放在袋子裡，你能怎麼樣呢？

CO：我想對我來講，在眼睛前面的感覺，看不清楚，滿難過
　　的嘿（諮商員笑、當事人也笑）。如果我可以的話，我
　　想把它放在口袋裡，放在書包裡。呃～或者是說放在朋
　　友家（當事人笑、諮商員笑）。那……因為我覺得它的
　　……如果我體會的時候，我感覺那個混亂一直擺在眼前
　　的話，我覺得好像有點看不清楚別的事情（諮商員說完
　　出現笑聲）。啊～那有一點累，然後想，它如果出現那
　　麼久的話，我可能就覺得頭腦清醒一點。

CL：可是它存在，還是會出現。

CO：對呀！它是存在的，所以我把它收起來。我的意思是
　　說，它還是存在的，我並沒有把它變不見，只是我把它
　　放在一邊。如果妳可以把它放在一邊，妳會把它放在哪
　　裡？

CL：放在我的寢室裡。

CO：寢室裡，哪個角落？

CL：嗯，可能床上。（當事人說完笑聲出現）

CO：唉唷！放在床上那怎麼得了（諮商員、當事人同時出現
　　笑聲）。睡覺的時候，就跟它睡在一起，那會作惡夢的
　　耶！（諮商員邊說邊笑、當事人也跟著笑）

　　解析：在本例中，諮商員在使用具象化技術的過程時，加入
幽默的要素。然而在具象化的過程裡，諮商員首先以幽默的方式
為當事人舉例。根據諮商員在訪談中的描述，此種舉例的目的，
在於催化當事人對活動的參與。以此例而言，諮商員所使用的幽
默技術類型，是在晤談中創造幽默的反應。諮商員對於當事人所
揭露的內容感覺驚訝，因此，諮商員也使用幽默的技術回應當事
人，使得整個對話充滿趣味性。

二、諮商員覺察到與自身相關事項的時機

　　這一部分指的是：在晤談過程當中，諮商員之所以使用幽默
技術的原因，主要是與諮商員本身有關，與當事人或晤談歷程無
關。根據研究發現，這種因諮商員覺察到自身相關的問題，引發
其使用幽默技術的時機，可分成二大類：分別是諮商員自覺尷尬
的時機、諮商員與當事人具有類似的經驗。以下就這兩大類型分
別說明如下：

㈠當諮商員自覺尷尬

　　在諮商中，當諮商員自覺尷尬的時候，為了化解自身所面臨

的尷尬情境，是其可能使用幽默技術的一個時機。此種尷尬的情境，可能發生在諮商員使用某項技術失敗以後所產生，以及諮商員在晤談過程當中，無法抓住當時的晤談焦點而產生，或諮商員在晤談時遲到。例如以下發生在晤談中的事件：

CO：好，如果你男朋友坐在這裡，你會怎麼跟他說這件事情。

CL：嗯～

CO：頭太大了噢！怎麼又這一招（與當事人哈哈大笑）？好像不太能適應。就是真的有人在這裡，怎麼跟他說這個會給你有壓力，是嗎？有什麼樣的壓力？

CL：不知道怎麼講。

CO：噢～是因為情境不對。因為一個人在這裡（哈哈哈），你不知道怎麼講，還是覺得他不夠真實，是太虛擬了。

　　解析：在本例中，諮商員在諮商進行時，欲使用角色扮演技術，但是諮商員覺察到當事人無法進入角色模擬的狀態，因而放棄此一技術的使用。諮商員為了化解此種因技術使用所發生的尷尬，故應用幽默技術，以化解當時所面臨的尷尬情境。

㈡當諮商員與當事人具有類似的經驗

　　在諮商歷程中，當事人自我揭露的內容，諮商員發覺本身也有類似的經驗時，也會以幽默技術介入該晤談情境。在此種使用時機下，諮商員的意圖則隨著當事人揭露的內容而異。如下例：

CL：會！因為他常常盯住我說，你有沒有在減肥啊，怎麼樣的，因為我跟他提過，然後他會常常唸。

CO：他是會怕你減太瘦了還是怎樣？

CL：不是。他怕我沒有去實行我的計畫。

CO：喔，那你游泳是為了要減肥嗎？

CL：不是，我喜歡玩水。

CO：有些心理障礙。可是這樣換個方面思考，這樣可以刺激自己更有減肥的決心。

CL：有啊，我從以前到現在都說要減肥，結果這個暑假到現在減最多。

CO：哇～威力驚人哦，我要向你學習，我也是從小到大說要減肥愈減愈肥。

　　解析：由於當事人所揭露的內容與諮商員本身具有相當的關聯（註：諮商員本身的身材也屬於體重過重型）。因此，當當事人在自我揭露之後，促使諮商員聯想到自己，也引發其自我揭露。

三、諮商員覺察到與歷程有關現象的時機

　　所謂諮商員覺察到與歷程有關現象的時機，意指諮商員在晤談進行時，除了與當事人和諮商員兩方面相關的事項外，任何可能影響晤談進行的相關事件，諮商員意圖應用幽默技術介入該晤談情境的時機。依據研究發現，諮商員在覺察到二項與歷程有關的時機下，會應用幽默技術介入晤談中。分別是：

㈠當諮商發生不順暢、瓶頸、僵局、停滯等現象

　　諮商員在與當事人晤談過程中，覺察到晤談的進行發現不順暢的現象，或者諮商的進行發生瓶頸、僵局甚或停滯等現象時，亦為諮商員使用幽默技術的時機。至於在此時機下，諮商員使用幽默技術的意圖，主要還是在於暖化當時的晤談氣氛，以使諮商進行更順暢。是否有其他的意圖，則須視當時諮商情境發生何種現象，以及當時諮商員與當事人互動的狀況而定。如下例：

　　CL：那因為那時候我就想說因為那禮拜本來我要回家，然後就如果說颱風天啊……我就賺到半天啊，就可以～本來下午走就變成早上回去這樣子啊……

　　CO：嗯哼！

　　CL：對啊。

　　CO：嗯！我現在聽起來好像你會，我現在會忽然感覺到你會，不知道要談什麼？

　　CL：嗯。

　　CO：那怎麼辦？

　　CL：嗯。

　　CO：好像我們可以結束了這樣（笑聲哈哈哈）……

　　解析：本例當中，諮商員覺察到當事人不知道到要談些什麼，而使得晤談面臨無話可談的窘境。因此，諮商員企圖使用幽默的技術，以暖化當時的諮商氣氛。

(二)當諮商員在使用其他諮商技術時

　　諮商過程中，諮商員在運用其他諮商技術時，為了使當事人更願意參與活動，或者為了強化該技術的功能，也是諮商員使用幽默技術的一個時機。如下例：

CL：老師我要起來，我會死……（有哽咽歎息聲）

CO：沒有把握，現在還有什麼事全部來而覺得很難受？

CL：啊～（有歎息聲），因為我就……覺得有……老師，為什麼你都要問這個「有多難受」？還有那個……

CO：我要你多體驗一下。

CL：又沒有放鬆的感覺。

CO：沒有放鬆的感覺，你可以讓它再稍微緊一點點嗎？這樣子放鬆，還要不要再緊一點，你可以。所以你稍微可以放鬆對不對。你可以讓它更鬆對不對。那現在希望你用全身的力量讓它很緊，收起來，碰這樣子。用力、用力、沒有用力，沒有看到你用力，再用力、持續用力，讓它很緊，再緊一點、再緊一點、再緊一點、再用力一點讓它很緊，讓它張不開。

　　解析：從本例當中，可以發現諮商員在使用該項類似於矛盾意向法的技術，但是諮商員也同時應用幽默技術中誇大的手法。諮商員使用該項技術，意圖在於誇張當事人的症狀，並預期當事人在誇大的過程中得到放鬆。此種幽默技術的使用，具有極大的

冒險性，除了諮商員要相當熟悉該項諮商技術之外，對於幽默技術介入時機的選擇，也是一個相當重要的關鍵。

第二節　幽默技術使用的意圖

　　「諮商技術」的一項重要特質，就在於諮商員的意圖。所謂「意圖」指的是諮商員在與當事人進行諮商時，諮商員當下選擇某個特別的行為、反應模式、技巧與介入，在他（她）心中所存在的意向、目的或理論架構（Hill & O'Grady, 1985; Elliot, 1985；賀孝銘、陳均姝，民 84）。幽默要成為諮商領域中的一項技術，就在於諮商員使用幽默當時所持的意圖。例如在刺激療法（provocative therapy）中，為了測試當事人對現實的看法或是對某個問題的觀感，諮商員會應用誇張、諷刺性的手法，敘述當事人的觀念、情感、行為、關係以及目標；或以模仿的技術，將當事人的情感、觀念、行為、聲調表演出來；更甚者，諮商員也會運用嘲笑來指出當事人瘋狂的觀念和自我防衛行為，以及反制當事人的過度自憐。除此之外，諮商員也會以幽默扭曲的手法，故意誤解當事人所表達的訊息，以刺激當事人澄清自己的想法和感受，甚至嘲笑當事人對諮商員傳統角色的期待等（林瑞瑛，民 86）。根據 Farrelly 與 Lynch（1987）的說法，他們指出在刺激療法中，諮商員使用這些幽默技術的目的，就是希望當事人能強烈地抗議諮商員所指出的自我毀滅態度，期待當事人能為自我的行為做合理的辯護，反駁他人對自己不切實際、過度負面的評價。由此可知，

在諮商情境中諮商員使用幽默技術意圖的重要性。

　　從技術的觀點來看，諮商員的意圖對於使用幽默技術的影響，就在諮商員究竟該選擇何種幽默技術介入諮商的過程，以及對當事人反應的預期。因此，當諮商員在使用幽默技術之前，必須先在心中存有某些意圖，然後才選擇某種幽默技術介入諮商晤談；並且期待當事人能夠產生諮商員所預期的反應。另外，諮商員在使用單一的幽默技術時，可能隱含著多種意圖（管秋雄，民88）。在使用單一幽默技術時，可能具有多重意圖之外，也可發現諮商員在應用幽默技術當時的意圖，其實就是在發揮幽默於諮商情境中可能扮演的角色與功能。換言之，諮商員是藉著在使用幽默技術當時的意圖，來表現幽默在諮商中可能扮演的角色與功能。至於諮商員在諮商過程中使用幽默技術時之意圖的類型，可歸納成以下幾種類型：

一、促進諮商進行的意圖

　　促進諮商進行的意圖，指的是**諮商員在晤談進行當中使用幽默技術的目的，在於使諮商的進行更順暢，或者令諮商的進展更快速**。諸如：催化當事人進入諮商情境、化解諮商中所發生的尷尬情境、引發晤談的動機、改善諮商的氣氛、令諮商趣味化等等，均屬於此類型的意圖。

二、輔助其他諮商技術的意圖

　　輔助其他諮商技術的意圖，是指諮商員於晤談過程中，正在使用其他諮商技術時，為使當事人更能充分投入該技術的活動，特將幽默的要素融入該技術，以令當事人在進行演練過程裡覺得有趣，以提升當事人參與活動的意願或技巧的演練。如：角色扮演、具象化、矛盾意向法等技術，注入幽默要素於其中，以創造幽默的反應。

三、替代其他諮商技術的意圖

　　替代其他諮商技術的意圖，係指當諮商員在使用幽默技術的同時，覺察到該時機下，可以使用其他的諮商技術介入當時的情境；然而諮商員為了能提升諮商效率，因而採取幽默技術，以提高對當事人的衝擊效果——基於此種考慮而使用幽默技術。例如當諮商員可以使用自我揭露、示範、對比、面質、立即性、反映、同理等等技術時，但是諮商員為了能提升諮商效率，特別以幽默的技術來取代一般的諮商技術。

四、專屬幽默技術的意圖

　　專屬幽默技術的意圖，指的是諮商員唯有透過幽默技術的使用，才能傳達此類型的意圖。屬於此類型的意圖，諸如誇張當事

人自我揭露的內容、諮商員表達驚訝或驚奇、開當事人的玩笑、諮商員開自己的玩笑、令諮商趣味化等等意圖均是。

　　幽默技術使用當時的意圖，除了可以傳達一般諮商技術使用時的意圖之外，尚具有其他諮商技術所無法傳達的意圖類別。諮商員在使用單一幽默技術的同時，可能傳達意圖的數量並非單一，且類型也不盡相同。再者，對於諮商員所使用的幽默技術，其意圖似乎也無固定的關聯；即使是同一種幽默的技術，在不同的脈絡當中，諮商員所欲傳達的意圖也不盡然相同。此種現象可能與當事人在晤談當時所探討的問題性質、當時互動情形，或當時的氣氛等等有關。由於諮商員在進行晤談時，當事人的特質、問題的性質，以及晤談中互動的情形不盡相同，唯有依賴諮商員本身的智慧，掌握晤談當時的狀況，適切使用幽默技術，以達成諮商的目標。因此，在這部分所呈現的結果，或許僅能提供諮商員在使用幽默技術的一種參考，以及提醒欲使用幽默技術於諮商中的諮商員一件重要的事實，即幽默技術的使用，必須在有意圖的情況下，才能達到最大的效果。

8

幽默諮商使用實例

　　「幽默諮商」可以泛指「協助當事人，學習以幽默的態度對待自己的問題與生活，而非僅是說說笑話或令當事人笑」；或指「將幽默的題材、幽默的要素介入諮商歷程中，以期當事人改變，並達成諮商目標的一種諮商方式」（管秋雄，民 88；蕭文，民 89）。本章主要目的是在說明並解析「幽默諮商」如何將幽默介入諮商歷程當中，或者在諮商中如何創造出幽默反應。藉著一些可能發生在諮商情境中的案例，以及引述其他書籍之案例，同時呈現傳統諮商方式與幽默諮商方式，使讀者在閱讀之後，能夠體驗幽默諮商與傳統諮商之差異，並且真正領悟諮商中應用幽默的精髓；除此之外，還能夠品味幽默諮商巧妙之美。

─────── 情 境 一 ───────

當事人是一位十五歲男孩,由他的母親轉介至學生輔導中心請求協助。當母親將該當事人帶到輔導中心之後,即離開中心。諮商室裡,只剩下當事人與諮商員。諮商一開始,當事人表現得很冷漠,並且充滿敵意,對於諮商員的問候、詢問,皆不理不睬……。

傳統諮商方法

CO:你現在覺得如何?

CL:……

CO:似乎對於媽媽帶你到這兒,你感覺上不太高興?

CL:……

CO:嗯,能不能請你告訴我,是什麼困擾了你?

CL:……(抬起頭來瞄了一下諮商員,仍然低著頭不説話。)

幽默諮商方法

CO:你現在覺得如何?

CL：……

CO：似乎對於媽媽帶你到這兒，你感覺不太愉快？

CL：……

CO：嗯，好吧，我想我們暫時先不要談你的問題。我想……
或許你可以先給我一點意見。因為我現在正在寫一本有
關諮商員如何使用幽默的書。裡面可能需要一些笑話之
類的東西。你聽看看，這則故事你覺得怎麼樣。

「雲雲平時不太喜歡寫作文，而且寫的作文也不是很
好。某日雲雲的老師要全班同學回家寫一篇作文，隔日
要繳交。當老師批改完了雲雲的作文之後，氣沖沖地找
來了雲雲，並告訴雲雲說：『你寫的是什麼作文？我一
定要找你的爸爸來，好好地問問他！』

雲雲回答：『不要。老師，請你不要找我爸爸來學校
啦！我爸爸一定會很生氣。』

老師說：『不管，這是我的責任。我不得不說。』

雲雲回答道：『可是……可是……人家的作文是……爸
爸幫我寫的啦！』」

CL：（當事人抬起頭來，看看諮商員並對諮商員笑了笑，又
低下頭。）

CO：看起來，你似乎滿喜歡這個故事喔！你再聽看看以下這
則故事：「要幾位諮商員才能將鐵釘釘入牆壁裡？」

CL：當事人抬起頭，並聳聳肩問道：「需要多少位？」

CO：二十二位。一位手拿鐵鎚，另一位拿著鐵釘，其他二十
位朝著鐵釘釘的方向推著牆壁。

CL：（輕聲地笑笑）亂講！不過滿好玩的。

CO：還有一個。「有一個人點了一客披薩。出爐後，服務生問他：『要切成四片或八片？』這人回答道：『四片好了，我沒辦法吃下八片。』」

CL：（當事人出現更大的笑聲。）

CO：嗯！好了。我們大概只剩下三、四十分鐘就要結束這次的會談，不曉得現在你願不願意告訴我關於你的問題？

案例說明與解析

本案例是屬於抗拒諮商的當事人。由於當事人是經其母親轉介，而非當事人自願前來請求諮商。因此在諮商起始階段，當事人表現出對諮商的抗拒，以及對諮商員不友善的態度。

在傳統的諮商中，諮商員會努力地讓當事人感覺舒服、安全，以及排除當事人一些先入為主的偏見，並且使用各種方法（例如：同理、鼓勵、再保證等），讓當事人表達其感受與參與。

以幽默為取向的諮商方法，諮商員首先可能以傳統諮商的方式處理當事人抗拒的問題。但是在嘗試失敗之後，諮商員可能以幽默技術介入諮商，以化解當事人對諮商的抗拒。從幽默諮商的角度來看，本案例中「幽默」是發生在諮商員所引用之幽默故事。此舉，除了可以讓當事人降低對諮商情境陌生的感覺之外，並可以使諮商情境中的氣氛顯得較為輕鬆，藉以化解當事人對諮商先入為主的偏見，也可以藉此減低諮商員的權威性，使得當事人願

意接納諮商員，並且參與諮商晤談。

—————————— 情　境　二 ——————————

　　當事人是就讀某師範大學四年級的學生。在經過中等學校試教一個月後，發覺自己不太適合擔任國中教師，因此前往學生輔導中心，請求做生涯輔導。在與當事人進行第二次晤談之中，當事人表示自己比較適合擔任幼稚園的教師……。

傳統諮商方法

CL：我覺得小朋友比較單純。因為我覺得自己笨笨的，可能沒有辦法應付國中生，我可能沒有辦法反應。

CO：聽妳這麼說，我似乎感覺到妳滿擔心自己無法勝任國中的老師。那能不能說說看對於教幼稚園的小朋友，妳可能又會是什麼樣的一種感覺？

CL：嗯！我的確滿擔心自己以後可能無法掌控國中生。可是對於幼稚園的小朋友，我覺得跟他們在一起好像會比較自在。

CO：妳覺得跟幼稚園的小朋友在一起會比較自在，我很好奇，關於這一方面能不能請妳詳細說清楚一點？

CL：嗯……我不知道，我不知道該怎麼說耶。

CO：好，不曉得妳是否曾經在幼稚園當過老師？

幽默諮商方法

CL：我覺得小朋友比較單純。因為我覺得自己笨笨的，可能
　　沒有辦法應付國中生，我可能沒有辦法反應。

CO：可是小朋友很天真，思想跳得也很快啊！那也是需要反
　　應很快。

CL：可是我覺得跟他們在一起好像比較自在。

CO：所以那時候妳根本不會讀師範大學！或許跟國中生在一
　　起愈久妳會愈來愈聰明喔！

CL：可能……我不知道耶。

CO：有時候幼稚園小朋友滿天真活潑的那一面……似乎不是
　　一個笨笨的人可以應付的喔！

案例說明與解析

　　本案例中，當事人經過國民中學試教之後，產生了一種對自
我信心的危機，認為自己無法勝任未來的工作。由於當事人陷入
在國中試教的情緒裡頭，無法自拔，因此當事人為了解決目前所
遭遇的困擾，故提出一項假設：認為教幼稚園的學生比教國中學
生還要容易。

　　在傳統諮商方法中，諮商員針對當事人在國中試教的經驗與
情緒，做出大量的同理。除此之外，也可能針對當事人在國中試

教期間不愉快的事件做處理，或者針對挫折經驗進行探討。最終可能運用合理情緒療法中「駁斥」的技術，挑戰當事人的不合理信念或假設等。

在幽默諮商方法中，諮商員則以幽默話語介入諮商過程，直接挑戰當事人對自己、他人或自然現象的某些假設。在本案例裡，所謂的幽默發生在諮商員以幽默的口吻與語氣，直接表達對當事人假設的質疑。

──────── 情　境　三 ────────

當事人是一位大學三年級的學生，妹妹是一位專科學校學生。兩姐妹皆因學校離家遙遠，所以平時都居住在學校的宿舍，只有週末才有時間回家。除此之外，當事人的父親也是在外工作，平常也不住在家中，故家裡只剩下母親獨自一人。當事人前來求助的主要原因在於，當事人於前一週回家時與父親起了爭執，回校之後情緒不佳，總覺得對父親有些愧疚……

傳統諮商方法

CL：可能，以前……對……爸爸會罵我們活動太多啊、或者也會罵我媽媽活動太多。可是我發現他……現在會跟我媽媽一起去參加活動。嗯！是陪我媽媽去。

CO：要不然他悶在家裡會受不了。

CL：是啊！爸爸就會很可憐啊！沒有人理他這樣子。

CO：聽起來，好像是爸爸去參加活動並不是他主動要去的，而是為了避免一個人獨自悶在家中？

CL：或許是這樣吧！我也不知道。只是我覺得我們都長這麼大了，在週末期間還要待在家裡陪爸爸，不能出去參加活動，我會覺得怪怪的。

CO：怪怪的？怎麼說呢？能不能請妳說得更清楚一點？

CL：對呀！我們都長那麼大了，也會有我們自己的社交生活啊。還有媽媽她平常都是一個人在家，而爸爸只有在週末的時候才會回家。所以她平常也會出去參加活動，打發時間。偶爾活動時間也會安排在週末啊！這也不能怪媽媽，對不對？

幽默諮商方法

CL：可能，以前……對……爸爸會罵我們活動太多啊或者也會罵我媽媽活動太多。可是我發現他……現在會跟我媽媽一起去參加活動。嗯！是陪我媽媽去。

CO：要不然他悶在家裡會受不了。

CL：他就很可憐啊！沒有人理他這樣子。

CO：他覺得妳們……嗯……就好像你爸爸是妳們請來的菲傭一樣，來看家的！所以他在家裡，他好期待可以看到的是妳們，他的家人，或者他的太太能在家裡陪他，因為

平常都沒辦法陪嘛。

案例說明與解析

本案例中，當事人前來求助的動機是週末返家之後，與其父親發生爭執，而在回校之後，自覺對父親有一些愧疚感，因此在情緒上無法平靜。當事人因而陷入不愉快的情緒裡。

在傳統的諮商方法裡，諮商員除了對當事人的處境加以同理之外，可能與當事人探討其家庭成員的假日生活安排與活動內容，並且討論父親的感受，或者使用較多教導式諮商技術。

在本案例中，幽默取向諮商員是以隱喻的型式使用文字，即藉著隱喻的用語介入諮商過程。此舉除了可以暖化諮商的氣氛、令當事人暫時脫離不愉快的情緒，更甚者即藉著幽默的隱喻功能，使當事人覺察自己對待父親方式上的不妥。

——————— 情　境　四 ———————

當事人是一位正在與異性交往的大學女生，目前為三年級學生。下列一段話是發生在第二次晤談的對話片段。當事人談到與男友平常共同從事的休閒活動時，提到她滿喜歡從事爬山活動，可是當事人覺得她的男朋友似乎不太熱中此項活動，總覺得男友陪她爬山好像很委屈的樣子……

傳統諮商方法

CL：有，他有陪我去爬山，可是我覺得我爬得很累，他爬得
很輕鬆，好像……

CO：好像……他不像是在從事運動？

CL：對呀！我已經爬得很累很累，可是他卻好像一點感覺都
沒有。那時候，我就會覺得他是不是不要陪我爬山會比
較好？雖然他來陪我爬山，可是他看起來卻不像是在爬
山。

CO：妳似乎覺得他來陪妳爬山是很委屈的事？

CL：對！就是這樣。說實在的，其實他可以跟他的同學一起
去打球，或者從事其他的活動，而不需要特別來陪我。
其實，他如果不願意爬山他可以告訴我啊！

CO：嗯！聽起來滿有道理的。但是妳是他的女朋友耶，你想
他會這麼做嗎？

CL：不知道耶！

幽默諮商方法

CL：有，他有陪我去爬山，可是我覺得我爬得很累，他爬得
很輕鬆，好像……

CO：很不公平喔。（兩人大笑）

CL：對。

CO：或許你可以要他看妳爬得很累的樣子，或者也要他裝得很累的樣子。要不然……我看……就叫他背妳好了。

案例說明與解析

以上對話片段是發生在當事人與諮商員探討她與男友從事休閒活動時的感受。根據以上對話內容可以發現，當事人困擾的來源主要是將自己局限在自己所設定的框架當中，無法跳脫。

當使用傳統諮商的諮商員面對此類型的當事人時，通常會針對當事人所表達的情緒做同理，並且也會與當事人探討當事人與男友從事休閒活動時的內容、感受，或者詢問當事人這種感受的來源。最終，諮商員可能針對當事人的思考模式提出駁斥，以檢示其正確性，甚至可能教導當事人更合理的思考方式。

然而在以幽默為取向的諮商方式裡，諮商員則以幽默技術先協助當事人面對自己的困擾，再應用幽默技術，令當事人從不同的角度認真審視自己所面臨的問題。在本案例中，諮商員主要是使用幽默技術當中悖理的技術。諮商員使用愚蠢的、荒謬的、無聊的、不合乎秩序的方式，來回應當事人所表達的內容或情緒感受。請參考上述黑體的對話片段。

─────────── 情　境　五 ───────────

　　當事人是一位企圖心很強的大二學生，平常對自我的要求很高，除了在課業方面之外，對於參與校外活動也滿熱中。由於近期內教育部將甄選大專院校青年友好訪問團的成員，當事人有強烈的參加意願。在經過激烈的競爭之後，當事人順利通過初選，即將進入第二階段的甄選。但是在正式進入第二階段甄選期間，必須每週至台北進行訓練。就在進行訓練的期間，當事人發覺自己的時間不夠使用；更甚者是不管在課業上，或其他的方面也每況愈下，因此前往諮商中心求助。諮商員正在與當事人談到當事人如何才能達到她自己所訂定的目標。以下是晤談的片段對話：

傳統諮商方法

> CL：可能……還要更努力更努力吧！
>
> CO：妳的意思指的是……妳現在還不夠努力？
>
> CL：對。
>
> CO：可是……妳看看妳為自己訂下了這麼多的目標，妳不覺得要同時達成這些目標並不是很容易的事耶。
>
> CL：嗯！我知道啊！所以我必須更努力。
>
> CO：聽起來，妳似乎不會想降低妳所訂的目標，以減輕壓力喔！

CL：對呀！我覺得這些都是我很喜歡的事。我不太想要去放
　　棄。

CO：可是妳現在確實感受到壓力，不是嗎？我想……或許我
　　們可以從另外一個角度，來想想妳的問題該如何解決，
　　好嗎？

幽默諮商方法

CL：可能……還要更努力更努力吧！

CO：當妳這樣講的時候，我就想到一條鞭子，那個牛鞭……
　　鞭打那隻牛，牠就「的卡，的卡」的（諮商員笑）。我
　　那我……我就想像出這個樣子（諮商員邊說邊笑、當事
　　人也跟著笑），妳的想像是什麼呢？更努力、更努力
　　（諮商員邊說邊笑）……

案例說明與解析

　　本案例中，由於當事人同時具有多項需求，再加上對自我要
求甚高，以至於在面對自己的多重需求時，卻無法完成目標，導
致當事人感受到強烈的壓力。除此之外，在本案例中，也可感受
到當事人以單向思考方式處理自己的問題。

　　一般傳統的諮商方式裡，在處理類似的當事人時，大都以壓

力處理的模式進行諮商。所採取的技術，不外乎對當事人所面臨的強大壓力表達同理、進行壓力源的探討、教導壓力放鬆技巧，或者教導當事人從事目標達成之優先次序排列等。

以幽默為取向的諮商員則選擇以幽默的方式，表達對當事人困境的同理。同時藉著這種隱喻式的歡笑，先將當事人的情緒拯救出來，並藉著隱喻技術讓當事人思考自己的困境。同時藉著諮商員以非語言的行為，將當事人在面對問題時之情狀，以卡通的型式將其具象化。這種諮商員為了協助當事人獲得新的洞察，或理解舊的行為組型，因而使用治療性說故事的方式，如隱喻式的建構、推理、童話故事，以及寓言故事等，在幽默諮商領域稱其為隱喻式歡笑之技術。

────────── 情 境 六 ──────────

當事人是一位大四的女學生，有一位交往一段時間的男友。近日來當事人感覺與男友之間的感情平淡，沒有什麼變化，似乎感受不到戀愛的滋味，總覺得在生活上缺乏樂趣，因此想與男友分手。可是當事人覺得自己如果這樣做，對其男友而言是相當過分又殘忍的事。當事人陷入一種進退兩難的困境，究竟是該和男友繼續保持男女朋友的關係？或對男友提出分手的要求？以下是與該當事人第一次晤談內容的片段……

傳統諮商方法

CL：我覺得生活上好像都是普普通通的沒有怎麼樣，不過我會……現在比較少想和他在一起……所以我想到的就是，如果跟男朋友不合，然後跟他說分手，這樣拋棄人家，不曉得這樣做會不會很過分？

CO：聽起來，似乎妳對男朋友的感覺漸漸淡了，甚至有在考慮是不是該和男朋友散了？

CL：嗯！的確有一點，但是……

CO：但是……妳很擔心，當妳自己如果這樣做的時候，是不是對妳的男朋友太殘忍了？

CL：對，就是這樣。我實在不曉得自己該怎麼做才好？我覺得生活上好像沒有什麼變化，況且我也感受不到戀愛的那種……所以才想到說是不是應該和男朋友分手，但是我又很擔心。

CO：嗯！那能不能請妳說說看，如果妳跟男朋友提出分手，妳會擔心些什麼？

CL：我會覺得自己很殘忍，突然間跟男友提出分手。說實在的，他也沒有對不起我，而且他對我也很好。只是因為自己覺得日子過得很普通，就想跟人家分手……好像說不過去……

幽默諮商方法

CL：我覺得生活上好像都是普普通通的沒有怎麼樣，不過我會……現在比較少想和他在一起……所以我想到的就是，如果跟男朋友不合，然後跟他說分手，這樣拋棄人家會不會很過分？

CO：拋棄人家，當然不會很過分。有什麼好過分的？還有……妳用的是拋棄人家，為什麼不是別人拋棄妳？

案例說明與解析

本案例中，當事人在與其男友交往一陣子之後，已經體會不到戀愛的感受，認真地思考之後，決定要與男友提出分手；然而當當事人在下決定時，卻同時產生另一種困擾，當事人感到猶豫，覺得自己這種做法對男友太過殘忍與過分。當事人的這種想法，主要是源自當事人陷入一個單向思考的模式裡。

在傳統的諮商模式裡，諮商員可能針對當事人這種想法提出探討。例如與當事人探討：與男友提出分手當時的情緒狀態、男友可能的感受、對當事人的影響、對男友的影響等等。最終可能教導當事人如何與男友提出分手，甚至以角色扮演方式，讓當事人演練。

在本案例中，以幽默為取向的諮商員則採取幽默技術，針對

當事人所表現之單向思考特質提出回應。在本案例裡，諮商員將兩個在平常無法並存的想法與情感連結起來，令當事人形成一種失諧狀態，造成一種幽默現象。

───────── 情　境　七 ─────────

　　當事人是一位五專四年級的復學生，由於過去曾患有焦慮症，因此辦理休學一年，有曾經求診於精神科的病史。在經過一年的藥物治療之後，病情獲得控制，故又再度進入學校就讀。近日來由於當事人感受到強烈的壓力，自己無法解決，當事人唯恐自己的病情再度發生，因此求助於諮商中心。諮商員詢問當事人目前所感受到的壓力與過去的壓力有多大時，使用具象化的技巧，並要求當事人以手勢比出壓力的大小……

傳統諮商方法

　　CO：好，現在不會很大，妳用手比起來的話看有多大？

　　CL：手，不會很大，看看像……

　　CO：那以前有多大？

　　CL：很大（以手勢表示大小）。

　　CO：嗯！還滿大的。看起來，妳過去就已經承受滿大的壓力。

　　CL：嗯！

CO：那能不能請妳說說，在過去妳曾經怎樣嘗試解決妳的壓
　　力？

CL：過去喔！嗯……好像大多數都是不去理它……還有就是
　　……

幽默諮商方法

CO：好，現在不會很大，妳用手比起來的話看有多大？

CL：手，不會很大，看看像……

CO：那以前有多大？

CL：很大（以手勢表示大小）。

CO：這樣子叫很大嗎？這樣很大嗎？

CL：這樣……這麼大吧！（當事人再以手勢表示，感覺上比
　　先前所比大小稍大）

CO：這樣叫大啊，這樣子而已。

案例說明與解析

　　本案例中，當事人深陷在強烈的負面情緒當中，不斷地強調
自己面臨相當大的壓力。

　　傳統的諮商方式將以大量的同理，並與當事人討論如何才能
解除所面對的壓力、過去當事人曾經採用何種方式來解決所面臨

的壓力情境，或者是教導當事人如何調適壓力等。

　　以幽默為取向的諮商方式中，當諮商員同理到當事人陷入負面的情緒，以及當事人不斷地強調面臨強烈壓力時，可能應用幽默的技術，期望當事人能從負面的情緒裡解脫；並且藉此提供當事人另一個參考架構，解讀她所面對的壓力。在本案例中，諮商員所使用的幽默技術屬於誇大／誇張手法。這種方式主要是將有關尺寸、大小、比例、數量、情感、事實、動作等方面，諮商員很明顯地使用過分的陳述或輕描淡寫的方式予以表達。

─────── 情　境　八 ───────

　　當事人是一位大三的學生，由於在學校課業上感覺比較輕鬆，因此空閒時間相對地也比較多；又加上班上幾位好朋友的邀約，預備一同去駕訓班學習開車。因此，當事人在週末返家時，與其父商量。當事人的父親並未反對當事人學開車，但是要當事人必須自己籌措一半的經費。當事人對其父親的做法頗有微詞，再加上自己目前並沒有在打工，所以也沒辦法籌措一半的經費，以便學習開車。這使得當事人開始對父親產生抱怨的情緒，所以每次週末返家時經常與父親爭執。由於這次返家之後，與父親的爭執甚為激烈，當事人負氣返回學校，可是情緒總是無法回復，因而求助諮商中心。以下是與該當事人第一次晤談時的對話片段……

傳統諮商方法

CO：所以……聽起來妳們家的孩子，好像做什麼事情都要籌
　　一半的錢就對了！

CL：對呀！然而我現在沒有打工。所以……

CO：所以會比較困難。那面臨這樣的困境，妳該怎麼辦？

CL：我也不知道該怎麼辦？或許我只有放棄學開車吧！可是
　　……

CO：可是妳會覺得很可惜？難得妳現在有空閒的時間，可以
　　去學習開車。

CL：對呀！我覺得我爸怎可以這樣規定。我現在還是學生
　　耶，又沒有多少時間可以去打工賺錢。

CO：聽起來妳對於爸爸的這種做法，頗不以為然，而且還覺
　　得爸爸有點不近情理？

CL：是啊！他怎麼可以這樣規定？他既然要我們好好的唸
　　書，當然我們就比較沒有時間去打工賺錢。我想我要學
　　開車，可能很困難。

幽默諮商方法

CO：所以……聽起來妳們家的孩子，好像做什麼事情都要籌
　　一半的錢就對了！

CL：對呀！然而我現在沒有打工。

CO：所以會比較困難，有沒有可能說，哎，比如說妳要學開車需要九千塊，然後爸爸要妳自己籌一半。妳就跟他講說：「爸爸另外一半我先跟你借，以後再還你。」（哈哈……）

案例說明與解析

　　本案例之當事人對於父親的做法不敢苟同，況且當事人目前也無法在短期間籌措如此大的經費。此種狀況，使得當事人陷入負向的情緒裡，這種負面的情緒源自於對父親的不滿。由於當事人身處這種情緒狀態之下，使其失去處理事情的彈性。

　　傳統的諮商方式可能使用同理心的技術，針對當事人所感受到的不悅情緒做同理之反應，以及與當事人討論該如何解決目前所面對的問題，或者教導當事人如何說服父親等。

　　幽默諮商可能以幽默的方式企圖讓當事人先脫離這種負面情緒，並從另一個角度來看問題。本案例幽默之處，在於諮商員將當事人所呈現之悲情與無奈融合在「開玩笑之話語」當中。此即悲喜扭曲之幽默技術。本項技術包含將病人有害的、悲劇的能源轉換成具有建設性的、喜劇的能源。它是在某一特定現象中所隱含或清楚地呈現出悲喜兩極並存之要素，之後緊跟著的是這兩極之間一種幽默性的綜合，並使這兩個並存的極端得以調和，最終導引出笑聲。

──────── 情　境　九 ────────

　　當事人是一位企圖心很強的大學女生，平時對自我的要求很高，除了對學業上的要求，甚至對於其他的才藝方面，也表現出強烈的學習慾望。除此之外，當事人經常同時心懷多重目標，因此時常感受到相當的壓力。但是就在大四期中考快接近時，當事人開始感受到自己無法承受如此大的壓力，故求助於諮商中心。以下對話是發生在與當事人第二次晤談當中。諮商員請當事人談到目前的計畫時，由於當事人所談到的計畫甚多，以至於諮商員無法一一記住，因此向當事人借紙筆⋯⋯

傳統諮商方法

CO：嗯哼！我聽到有兩個聲音，一個是叫自己鬆一點，一個是叫自己緊一點。妳可不可以有枝筆借我一下，因為妳一下說得太多了，我覺得我的頭腦有點不太夠用。

CL：需要紙嗎？

CO：不用了。

CL：看你的樣子，好像是剛運動完，然後就到這邊⋯⋯（當事人說完出現笑聲）

CO：是啊，所以我就沒帶筆和紙。真的很抱歉。

CL：沒有關係啦！

幽默諮商方法

CO：嗯哼！我聽到有兩個聲音，一個是叫自己鬆一點，一個
　　是叫自己緊一點。妳可不可以借我一枝筆，因為妳一下
　　說得太多了，我覺得我的頭腦有點不太夠用。

CL：需要紙嗎？

CO：不用了。

CL：看你的樣子，好像是剛運動完，然後就到這邊……（當
　　事人說完出現笑聲）

CO：是啊！說實在的，我跟妳一樣是個貪心的人，就是怕頭
　　腦不夠用（諮商員與當事人哈哈大笑），貪心的人都有
　　類似的下場，哈哈哈！

案例說明與解析

　　本案例中，我們僅將焦點置於諮商員如何將幽默技術應用在
其所面臨的窘境上。由於諮商員在諮商過程中與當事人談到目前
的計畫時，當事人所揭露之計畫量超乎諮商員所能記憶，因此，
諮商員向當事人借紙筆作為記錄之用，以避免遺漏當事人所表達
的內容。

　　傳統諮商中，諮商員面對此種狀況時，可能中斷當事人的談
話，並針對自己無法一下記住當事人所欲傳達之訊息表達歉意。

在本案例中，幽默取向諮商員則是以自貶方式，除了消遣自己並隱含著對當事人傳達某些治療的意義。此舉，除了可使諮商員避免尷尬之外，尚可令當事人思索自己所面臨的處境。

────────── 情　境　十 ──────────

當事人是一位五專四年級的復學生，由於過去曾患有焦慮症，因此辦理休學一年，有曾經求診於精神科的病史。在經過一年的藥物治療之後，病情獲得控制，故又再度進入學校就讀。近日來由於當事人感受到強烈的壓力，自己無法解決。當事人唯恐自己的病情再度發生，因此求助於諮商中心。諮商員在與當事人探討過去對於煩惱的處理方式時，當事人表示她通常是採用「耍賴」的方式應付自己的壓力。諮商員使用角色扮演的技巧，企圖要當事人將「耍賴」之情境重現，以便讓當事人體驗當時的感受。以下是該次晤談內容的對話片段……

傳統諮商方法

CO：所以有個好處就是煩惱都不見了，只好暫時的不見了哦，還有呢？這樣賴著還有什麼好處？

CL：什麼事情都不用想了。

CO：什麼事情都不用想了？所以，我聽起來這個「耍賴」對妳來講有一個好處，就是當妳很痛苦的時候，至少可以

喘一口氣，還有呢？

CL：還有……我也不太清楚耶！

CO：妳的意思，指的是「耍賴」除了可以讓妳暫時喘口氣之外，好像還有其他方面的助益？

CL：哎～（歎口氣）我是誰，我好難過哦。不要叫我坐這裡啦。

CO：為什麼坐那邊難過，發生什麼事情？

CL：我不要，我不要再「耍賴」了（哀求聲）。

CO：怎麼啦？看起來妳滿痛苦的？妳現在有什麼感覺，或者妳內心裡面想到了什麼？

幽默諮商方法

CO：所以有個好處就是煩惱都不見了，只好暫時的不見了哦，還有呢？這樣賴著還有什麼好處。

CL：什麼事情都不用想了。

CO：哇！！好棒哦。煩惱都不見了，妳都不用管它也不用想，煩惱就好像不見了一樣，對不對。所以，我聽起來這個「耍賴」對妳來講有一個好處，就是很痛苦的時候至少可以喘一口氣，還有呢？

CL：哎～（歎口氣）我是誰，我好難過哦。不要叫我坐這裡。

CO：為什麼坐那邊難過，發生什麼事情？

CL：我不要，我不要再「耍賴」了（哀求聲）。

CO：妳不要再耍賴了，可是「耍賴」是妳現在痛苦的解藥
　　嘍，妳怎麼可以不耍賴呢？

案例說明與解析

　　本案例諮商員在諮商過程中，應用諮商方法中角色扮演的技
術，期待以情境重現的方法，協助當事人了解她慣用之因應「煩
惱」的方法時的情緒狀態。

　　在傳統諮商方法裡，諮商員可能將焦點集中於當事人此時此
刻的情緒感受，並且大量地使用同理心的技巧。

　　然而在以幽默為取向的諮商方式中，諮商員固然使用角色扮
演的技術，令情境重現。但是當當事人在表現出對自己慣用之因
應「煩惱」的方式產生嫌惡時，諮商員並未消弱其嫌惡，反而再
次鼓勵當事人以其慣用之因應技巧予以增強。諮商員以這種矛盾
的手法，企圖違反當事人的意志，或者藉著誇大當事人的不適應
行為來傳達治療的訊息，即為幽默技術。

────────── 情　境　十一 ──────────

　　有一個胖子老是被別人拿他的身材取笑，感到很困擾。因此，
前來諮商中心求助……

傳統諮商方法

CL：老師，我該怎麼辦？我知道我自己很胖，我也不太喜歡
　　啊！可是同學們都喜歡叫我胖子。我實在不喜歡人家叫
　　我胖子……。

CO：的確，這是會令人感覺不愉快的。尤其是當我們自己身
　　材不好，偏偏同學們又特別喜歡以我們的身材來取笑我
　　們時。可是又好像也沒有什麼方式，可以制止他們這樣
　　叫你。

CL：對呀！說實在的，他們一點都不知道身材胖也不是我們
　　自己願意這樣的，而且他們也都不想一想，當他們叫我
　　胖子的時候，我真的很難過，你知道嗎？

CO：當同學叫你胖子的時候，確實會讓你覺得很難過。那你
　　有沒有嘗試告訴你的同學「你很難過」？

CL：有啊！可是他們還是用這樣的方式叫我！

CO：那你只好不理他們。我想既然我們無法改變他們對你的
　　稱呼方式，只好改變自己的認知……或者你也可以試試
　　減肥？

幽默諮商方法

CL：老師，我該怎麼辦？我知道我自己很胖，我也不太喜歡

啊！可是同學們都喜歡叫我胖子。我實在不喜歡人家叫我胖子……。

CO：別人叫你胖子一定讓你感覺不舒服。

CL：對！

CO：對啊！我也不喜歡別人說我瘦得像竹竿一樣。

CL：那你不生氣嗎？

CO：我幹嘛生氣！你知道嗎？瘦子有很多的好處耶，他們根本就不知道。我想或許現在我們可以一起來想想看，胖子有什麼好處？我敢保證他們想都想不到！（蕭文，民89）

案例說明與解析

本案例中，當事人前來求助時，陷入負向的自我概念，以及固著於負向的情緒裡。

傳統諮商方法在面對此類型的當事人時，多數採用同理心技術，針對當事人的負面情緒做同理的反應，引導當事人如何應付他所面臨的窘境，使自己感覺較愉快。教導當事人如何減肥，以強化當事人正向的自我概念，甚至教導當事人不需要理會它。

在以幽默為取向的諮商方法中，可能以幽默的方式協助當事人跳脫負面的情緒；並且以幽默的技術協助當事人接納自我，進而建立一個較為正向的自我概念。在本案例中，幽默之處在於諮商員要當事人思索他目前身材的好處在哪兒？然而當事人的身材，

正是造成他前來求助的主要因素。這種做法，除了在諮商當時，可以使當事人暫時脫離負向的情緒之外，還可讓當事人獲得一種新的領悟，即是令其重新思考接納自我的效果。

—— 情　境　十二 ——

一位女性當事人持續地向諮商員抱怨她的先生，說她先生如何的不忠實、不體貼，在諮商員向她詢問為何不考慮離開她的先生時，當事人表示：自己並沒有更好的條件去找一個更好的先生。同時，她也害怕「孤單」。但是諮商員並未直接對當事人的「孤單」做反應，反而說了一個相關的故事給當事人聽（Dimmer et al, 1990）。

傳統諮商方法

CL：你知道嗎？我先生每天下班回來之後，什麼事都不做，而且只會嫌東嫌西的。一點都不想想，雖然我整天待在家裡，其實我也沒閒著，忙裡忙外有好多事情等著我去做。除了要幫全家人準備三餐，又要接送小朋友上下學到才藝班補習。真的相當地累人，你知道嗎？

CO：聽起來妳滿可憐的，好像妳先生認為妳待在家裡頭是滿輕鬆的，而實際上妳在家裡卻做了不少的事。所以妳感覺相當地委屈？

CL：是啊！他也不想想，一下了班什麼事都不用他來做，人家都已經做好了一切。他不幫忙就算了，偏偏他還對我一直不斷地批評，一直說我的不是。實在受不了！最近他又不曉得怎麼了，老是有一位陌生的女人打電話給他。不曉得他又要搞什麼花樣出來？想想真的是很不值得，嫁給他也好幾年了……

CO：既然妳的先生這麼不體貼，而且還背地裡與其他的女人來往，那妳何不考慮離開妳先生算了，再找另外一位能夠體貼妳而且又愛妳的先生？

CL：我曾經這麼想過，但是以我的條件來說，似乎不怎麼樣，想要再找一個伴談何容易。而且如果我跟我先生離婚之後，一個人孤零零的，而且還必須獨立面對自己的問題。我怕我無法忍受這種孤單。

CO：妳覺得當妳和先生離婚之後，只有妳一個人的生活你會感覺孤單，而且還會害怕孤單，妳能不能說說看？

CL：對呀！長期以來我跟我先生、孩子都生活在一起。突然間離婚了，先生跟孩子都離開我的身邊，那種情形我真的不敢想像。我實在不敢去面對那種孤孤單單的生活。

幽默諮商方法

CL：你知道嗎？我先生每天下班回來之後，什麼事都不做，而且只會嫌東嫌西的。一點都不想想，雖然我整天待在

家裡，其實我也沒閒著，忙裡忙外有好多事情等著我去做。除了要幫全家人準備三餐，又要接送小朋友上下學到才藝班補習。真的相當地累人，你知道嗎？

CO：聽起來妳滿可憐的，好像妳先生認為妳待在家裡頭是滿輕鬆的，而實際上妳在家裡卻做了不少的事。所以妳感覺相當委屈？

CL：是啊！他也不想想，一下了班什麼事都不用他來做，人家都已經做好了一切。他不幫忙就算了，偏偏還對我一直不斷地批評，一直說我的不是。實在受不了！最近他又不曉得怎麼了，老是有一位陌生的女人打電話給他。不曉得他又要搞什麼花樣出來？想想真的是很不值得，嫁給他也好幾年了……

CO：既然妳的先生這麼不體貼，而且還背地裡與其他的女人來往，那妳何不考慮離開妳先生算了，再另外找一位能夠體貼妳而且又愛妳的先生？

CL：我曾經這麼想過，但是以我的條件來說，似乎不怎麼樣，想要再找一個伴談何容易。而且如果我跟我先生離婚之後，一個人孤零零的，而且還必須獨立面對自己的問題。我怕我無法忍受這種孤單。

CO：聽了妳這麼說之後，我腦海裡突然想到了一則故事，不曉得妳願不願意聽聽看？

CL：嗯！

CO：有一個人的工作是在馬戲團裡負責處理表演動物的排泄物。有一天他的朋友很熱心地想要為他找工作，那個人

　　卻很生氣地說：「什麼？要我放棄我的表演工作？」

案例說明與解析

　　本案例之當事人於諮商過程中，表現的是一種不斷抱怨、對於未來不確定性的擔心。除此之外，當事人在面對諮商員的建議時，也呈現出猶豫不決，甚至不願意嘗試做改變。

　　面對此類型當事人時，傳統諮商可能採取的方法首先是對於當事人的情緒做同理，或採用解決問題的方式，協助當事人處理目前所遭遇的困擾。除此之外，對於當事人所擔心的「孤單」，也是在傳統諮商方式必定會處理的一個重點。

　　幽默取向的諮商方式，除了使用傳統諮商方式的某些技術之外，在本案例當中，諮商員以說（幽默）故事的方式，藉以「隱喻」當事人當前的心境。此舉可讓當事人領悟到其內在的矛盾心境，以及令其產生不斷抱怨的原因。

倫理篇

9

幽默使用之倫理

第一節　治療性幽默與傷害性幽默

　　由於不同的幽默對於不同的人，將會帶來不同的感受與思考，因此，將幽默運用於諮商情境中，其效果難以預期。再者，幽默本身為一種後設溝通（meta-communication）的型式，它的意義與社會的功能，只能藉著幽默出現時的脈絡關係中被了解（Rossel, 1981）。為了避免在諮商情境中發生幽默的誤用或濫用的情形，學者們對於將幽默應用於諮商情境中，各自提出不同的看法（Kerrign, 1983; Olson, 1996）。陳金燕（民83）指出：幾乎所有的研究者，不論是否肯定幽默在諮商中的功效，都指出避免誤用幽默的

重要性（Cade, 1986; Davidson & Brown, 1989; Dimmer, Carroll, & Wyatt, 1990; Fay, 1978; Haig, 1986; Megdell, 1984; Mindess, 1996; Ness, 1989; Prerost, 1983; Shaughness & Wadsworth, 1992）。

　　Narboe 表示幽默的使用具有冒險性，它的功能雖多，但使用過度則太危險，當事人可能會因為缺乏支持的力量，促使他行動；若捨棄不用，又顯得太安全，導致當事人缺乏動力可以行動（Dimmer, Carrol & Wyatt, 1990；張景然，民 83）。因此，有學者認為在諮商情境中，須有條件地使用幽默。如 Goodman（1983）提出警告：幽默可能被建設性地或破壞性地使用；並陳述有效的幽默是與他人一起笑（laugh with others），相反地則是取笑他人（laugh at others）。Haig（1986）也在探討多篇文獻，並綜合自己諮商經驗後表示：**幽默如刀之兩刃，有建設性的幽默也有破壞性的幽默，若使用不當可能造成傷害性的結果。**因此，建議諮商員在使用時應了解下列五點事項：

　　1.幽默可以避免諮商員或當事人不舒服的感覺。

　　2.幽默可以協助當事人接受自己的問題。

　　3.諮商員諷刺性的幽默是將敵意傳達給當事人。

　　4.諮商員應避免以幽默顯示自己的優越和機智。

　　5.過度使用幽默會讓當事人懷疑自己的問題是不是很嚴重。

　　除了有學者認為在諮商情境中，需要有條件地使用幽默之外，甚至也有學者反對將幽默應用於諮商情境中。根據 Shaughness 與 Wadsworth（1992）的整理指出，Kubie（1971）很早就提出下列幾點關於幽默可能在諮商情境中被誤用的警告：

　　1.幽默可能被諮商員或當事人用來避開不愉快的感覺（uncomfortable feelings）。

2.幽默可能被當事人使用，以為抗拒（defend against）接受其問題的重要性。

3.諷刺性的幽默（sarcastic humor）可能被諮商員用來掩飾他對當事人的敵意。

4.幽默可能被諮商員用來展現（show off）他的風趣、機智；過多的幽默可能使當事人懷疑他被重視的程度。

Steven（1994a）指出為了防範幽默的負面效果，對於專業的助人者而言，學習如何區辨治療性幽默和傷害性幽默是一項基本要求；同時為了能夠以治療的方式使用幽默，諮商員對於使用幽默時機的決定也相當重要。換句話說，諮商員必須針對他欲使用幽默的對象去判斷「使用何種類型的幽默，將會使幽默的對象有最佳的感受性或衝擊性」。因此，為了能夠以具有治療性的方式使用幽默，諮商員必須針對下列三方面作檢視：

1.幽默的對象（target of humor），即諮商員所使用的幽默是針對自己、當事人或者情境。Steven 根據幽默的對象，將幽默區分為治療性幽默和傷害性幽默。如果治療性幽默與傷害性幽默是在幽默效果的連續線上的兩端，那麼當幽默是針對自己時就屬於治療性，相反地當幽默對象是針對他人就比較傾向於傷害性。至於幽默對象是針對情境時，則落於這兩種極端之間。

2.呈現幽默的環境條件，即對誰使用、在什麼時機下使用，以及在什麼環境背景下使用。根據幽默的對象來區分幽默效果，包含治療性與傷害性。至於治療性幽默，同樣也要根據環境條件來呈現，以顯示其效果。如諮商員與當事人關係的本質與連結、

幽默分享的時機與環境，以及幽默呈現的背景。

　　3.**個人對幽默感受的特殊性**，即諮商員在使用幽默時必須考慮「**幽默因素**」（humor factors）的**氣質性特徵**。換句話說，諮商員需要注意不同的個體對不同幽默感受性的差異，因為每一個人的幽默商數，部分決定了個人對幽默的感受性。

　　在心理治療領域中，對於幽默之使用，可以將其分成治療性的幽默（therapeutic humor）與傷害性的幽默（harmful humor）（Slameh, 1983）。Steven 指出：在治療過程中，若治療師所使用之幽默具有以下特質者，稱為傷害性的幽默：

　　1.若治療師在使用幽默時，並不在意他人對衝擊的建議。

　　2.若治療師使用幽默之結果，可能使既存的問題更形惡化。

　　3.若治療師使用之幽默類型，傾向於妨礙與破壞人際溝通，或構成人際間的一種負擔。

　　4.若治療師使用之幽默，僅是反映個人失調組型之永續存在。

　　5.若治療師使用之幽默，可能阻止當事人之認知─情緒均衡。

　　6.若治療師使用之幽默，帶有冷淡的、嘗過之後覺得痛苦的，以及傷害的品質。

　　7.若治療師使用之幽默，帶有限制、責難，以及隱晦不明之特性。

　　8.若治療師使用之幽默，具有隱含著對自我及他人的盲目。

　　9.若治療師在使用幽默時，是以拒絕為基礎。

　　10.若治療師使用幽默之意圖，是質疑個人的價值感，如種族差異主義者之笑話。

　　11.若治療師使用幽默之目的，在於隱藏與阻礙其他可替代方

法之選擇。

第二節　幽默技術使用應注意事項

　　在心理治療中，幽默可被用來減輕焦慮與緊張、鼓勵洞察、增進動機、創造親近氣氛、創造治療師與當事人之間的平等、揭露出悖理的信念、就生活情境發展出與個人相稱的重要性，以及促進情緒的傾洩（Dimmer, Carroll & Wyatt, 1990; Haigh, 1986; Mindess, 1996; Reynes & Allen, 1987; Rosenheim, 1974; Rosenheim & Golan, 1986）。如前述，治療性的幽默可以是一項強而有力的工具，能促進情緒的、認知的、行為的和生理的幸福感（well being）。但是幽默就如同其他的治療處遇一般，並非是中性的——它可能是具有建設性的，也有可能是破壞性的（Steven, 1994a）。如 Schnarch（1990）所言：「幽默如同其他治療技術一般，可能被使用與常被誤用」。在一個複雜多變的心理治療過程中，幽默刺激的多樣性與幽默反應的不確定性，究竟諮商員該如何應用幽默，才不至於造成對當事人的傷害，以致影響諮商成效？Shaughnessy 及 Wadsworth（1992）指出在一九八〇年代期間，對幽默的興趣與研究相當熱烈，當幽默廣泛地被接受應用於臨床上時，文獻方面也反映出幾個較為普遍的趨勢以彰顯這方面的發展，其中之一即為有效的幽默使用技術與原則。

　　Cade（1982）提出警告，反對使用諷刺以及幽默來對抗當事人。並指出**幽默的使用必須基於關懷與愛的態度，且是以一種包**

含的（inclusive）而非排除的（exclusive）方式為之。Killinger
（1987）也強調溫和，以及對當事人需求的敏感，並且強調諮商
員成熟度的重要性；他認為諮商員的成熟度，是應用幽默技術的
中介人格變項，以協助諮商員確定幽默不至於在不小心的狀況下
被使用。Greenwald（1987）以為並非所有的當事人都適合使用幽
默。Greenwald 曾經對諮商員提出一項重要的警告，若諮商員使用
幽默技術時，唯一受到傷害的是當事人，則諮商員切勿使用幽默。
諮商員確定可使用幽默技術的情形是，諮商員願意以自己的受損
而使用幽默。Ventis（1987）指出在心理治療中，幽默與笑的使用
本身並不是目標，而是促進治療歷程的另一種選擇。幽默不應被
錯誤的使用，以至於阻礙或否認那些真實且仍未改變的情感。Hub-
er（1978）則指出諮商員應使用的幽默類型，是屬於諮商員使用時
能令自己感覺舒服的幽默類型。換言之，諮商員最適合使用的幽
默類型，應該是諮商員相信該幽默能協助當事人放鬆緊張情緒，
並且能傳達接納的情感。Dimmer、Carroll 與 Wyatt（1990）也指
出在治療歷程中，如果要有效使用幽默，必須考慮當事人需求，
以及當事人的人格架構。Farrelly 與 Brandsma（1974）也指出在刺
激療法當中，諮商員所表達的訊息必須相當的敏銳、觀察入微，
而且在使用任何的幽默技術時，必須直指當事人的價值系統、觀
念、見解、目前的經驗感受、自我態度和特定的行為。諮商不僅
要致力於當事人的反應，也要應用自己的主觀態度、直覺、幻想、
特異聯想，以作為製造幽默反應的材料。因此諮商員必須不斷努
力，將當事人衝突區域導向控制得宜的敏感態度。

　　根據以上學者所言，實難掌握該如何方能正確使用幽默以避

免傷害當事人而不自知。管秋雄（民 88）在閱讀過相關文獻對此
一主題的探討，並予以整理後，認為可將其內容分成三方面來說
明。

一、從諮商員角度談使用幽默應注意事項

　　若以這個角度談幽默的使用，隱含著諮商員將幽默視為一項
技術，意圖應用於諮商歷程中，以達成預期的諮商目標。由此論
諮商員欲使用幽默技術於諮商過程，則下列即為諮商員必須考慮
者：諮商員本身的人格特質（Cade, 1982; Killinger, 1987; O'Con-
nell, 1987）、諮商員本人對幽默應用於諮商歷程的態度（Driscoll,
1987; Leone, 1986; Marcus, 1990; Sluder, 1986）、諮商員個人的能
力與創造力（Aurora, 1990; Cade, 1982）、諮商員對自己意圖的了
解（Kuhlman, 1984; Pollio, 1995）、諮商員本身具有的幽默題材
（Driscoll, 1987）、諮商員對當事人問題的了解（Pollio, 1995）。
諮商員欲使用幽默於諮商過程中，必須等待治療關係已經被良好
的建立；並建議諮商員不應該企圖對任何當事人都使用幽默技術，
必須隨著不同當事人的腳步，知道在何時可以使用幽默。同時為
了達到溝通的目的，諮商員必須了解當事人處理他自己世界的方
式（Greenwald, 1987）。良好的幽默需要注意與個人的連結、關
心且敏感於正在進行的主題上。而正確的態度則為使用幽默於諮
商中的一項基本要素，並且在將幽默引入諮商過程裡，諮商員更
應該覺察到自己的目標（Driscoll, 1987）。Meichenbaum 提出一項
警告：諮商員在審查當事人所呈現的資料中的任何幽默要素之前，

必須覺察自己的幽默方法。同時 Meichenbaum 也致力於發展諮商員自我監視，以防範諮商員使用幽默處遇可能產生的反移情（O'Maine, 1994）。

Salameh（1987）指出諮商員在使用幽默於諮商處遇中，需要仔細考慮的第一件事，即為諮商員必須找出自己站在什麼位置看待幽默。同時 Salameh 也提出六項有關心理治療歷程中適切應用幽默的原則：

㈠引入幽默（introducing humor）

根據 Salameh 的說法，這類的引言能夠紓緩當事人對有關幽默之鑑賞與反應，並能在當事人認知上創造一種理解幽默架構。在此架構中，幽默之處遇不僅受到當事人的歡迎，同時也能被當事人接受幽默為一項有幫助的考慮。

㈡幽默環境的創造

在諮商中若鼓勵當事人表達幽默，即是允許諮商的情境下可包含幽默的客體存在其間。

㈢對不同當事人使用不同幽默

諮商情境中，當諮商員與當事人已經發展出良好的信任關係，並且建立良好的工作同盟時，幽默最能被多數的當事人所接受。

㈣諮商員對幽默的態度

諮商員本身對幽默之態度是諮商情境使用幽默最根本之要素。

因為一位僵化的、不苟言笑的諮商員，將無法對他的當事人傳達出幽默態度。諮商員也無法為他的當事人開出幽默的藥方，除非諮商員本身在他自己的生活中能夠接受幽默。

㈤幽默洗禮訓練（humor immersion training）

意指幽默是一種技巧，可以被教導、學習，以及練習而得。只要透過特殊的訓練，多數人仍然能夠學得如何創造幽默。

㈥使用幽默方法的限制與倫理的考慮

在此隱含諮商情境中諮商員若使用幽默技術，可能帶來負面效果，甚至造成對當事人的傷害。

除上述之外，Salameh更指出：諮商員在運用治療式幽默時，最佳方式應該是結合其他不同理論觀點所認定的諮商員促進性特質。當幽默的表達是同理的、真誠的、尊重的，那麼幽默將能夠有效地促動當事人，即使是被用來面質當事人的防衛。

二、從當事人角度談使用幽默應注意事項

由這個角度探討諮商中幽默的使用，強調的重點在於幽默對當事人所造成的衝擊效果。Ellis（1977）曾說：具有思想困擾的人，總是將他們自己的問題以及所處之情境看得太嚴肅，而無法用強迫性觀點之外的見解來審視自己目前所面臨的問題。幽默正是另一種協助處理的方式。只是在利用這種幽默方式與具有思想

困擾的個案互動前必須相當小心，因為這些個案可能經驗一種困難，即無法將幽默和嘲笑予以區分。故以幽默鑑賞面而論，其所隱含的歷程為多重的，包括幽默刺激的呈現歷程、幽默認知的歷程，以及幽默反應的歷程。Brown（1980）曾提出以下幾個因素，可能影響吾人意圖使用的幽默內容被鑑賞或被覺察的程度：⑴幽默鑑賞者的情緒與動機的狀態；⑵幽默鑑賞者受威脅的程度；⑶幽默鑑賞者的人格特質；⑷呈現幽默者的性別，以及幽默內容的感受性；⑸幽默呈現的社會脈絡；⑹幽默鑑賞者對幽默事件中所描述的社會團體的認同；⑺幽默鑑賞者的社會期待；⑻幽默內容所隱含的認知結構，以及幽默鑑賞者的認知歷程。由此可知，幽默對當事人所造成的衝擊效果具有個別差異性。

　　諮商員欲使用幽默於諮商歷程中，就須考慮有關當事人幾方面的素養：當事人的人格類型（Aurora, 1990; Foster, 1983; Richman, 1996）、當事人的幽默感（Marcus, 1990）、當事人的認知能力（Marcus, 1990）、當事人的情緒與動機（Kuhlman, 1984; Olson, 1992）、當事人的期待與知覺（Aurora, 1990; Olson, 1992）、當事人的問題性質與嚴重度（Driscoll, 1987）、當事人對幽默之反應（Pollio, 1995; Salameh, 1987）。

　　Killinger（1987）指出：從心理分析論的觀點而言，一個人在見到故事的關鍵點或靈巧處，必須能夠自在地釋放被壓抑的衝動，而不會有過度的焦慮被引發，因而阻礙了對幽默內容的接受。Hickson（1977）以為：為使幽默被鑑賞，聆聽者必須能夠角色扮演（role-play）或能夠對幽默背景之下所刻劃出來的特質做同理。Driscoll（1987）指出：諮商員不可以對那些認為諮商員對他的問

題看得不夠嚴肅的當事人使用幽默；再者，諮商員在應用幽默時，更不應該破壞與當事人的關係。因為那些當事人可能認為諮商員在取笑他，而非與他們一起笑，或者當事人可能因而被觸怒。

三、從諮商關係角度談幽默使用應注意事項

　　由這個角度談幽默在諮商中的使用，重點即在幽默使用的前置條件上。換言之，諮商過程中欲使用幽默技術時，必須具備某些先決條件，並非冒然使用，因而對諮商造成破壞性的影響。就這個主題而論，文獻上所提出的觀點較為一致的有：**已建立良好的治療關係**（Driscoll, 1987; Greenwald, 1987; Killinger, 1987）、**當事人已建立對諮商員的信任**（Driscoll, 1987; Killinger, 1987），**以及具備了幽默的氣氛**（Kuhlman, 1984; Salameh, 1987）。Driscoll（1987）認為在處遇當中，良好的幽默加上愉悅以及觀點的改變，並在晤談過程中建立適當的氣氛是必要的。同時也指出諮商員需要與當事人維持著聯盟（alliance）關係，並保持當事人對諮商員個人與方法的聲譽。Berlyne（Kuhlman, 1984）強調要有效地引發幽默的反應，接收者必須處在一個愉悅的心理架構中。McGhee（1983）也指出為了產生和鑑賞幽默，個人必須能夠轉移至一種較特殊的心理觀點上。為了達到此項目標，幽默的傳遞者首先需要為幽默的接收者預備好遊戲的象徵（play signals）。

　　在諮商中，由諮商員對當事人做一個簡短的說明，對於諮商員在諮商過程中使用幽默技術而言，是比較適切的做法（Killinger, 1987; Salameh, 1987）。Killinger（1987）認為在諮商早期，對於

當事人對其所處情境的陳述，諮商員做一簡短的幽默評論似乎較為適切；愈具有目的性的口語影像幽默的使用，則以朝向當事人的主要洞察上。這兩種幽默方法的使用均需要諮商員的自發性，以及在情感表達上表現出溫暖。至於 Salameh（1987）則在第一次晤談時，就向當事人做一簡要的說明，表示可能在諮商過程中使用幽默。Salameh 認為這類型式的導言能緩化當事人對幽默的鑑賞，並能創造出一個認知架構。在該架構之下，幽默的處遇不僅將備受歡迎，同時也將被接受為最喜愛的選擇。由於幽默是一種間接的溝通型式，因此可能被當事人誤解，故向當事人事先說明任何型式的幽默處遇使用，都是相當有助益的。

在實證研究上也發現：為了避免因幽默技術的使用而傷害當事人，諮商員會先以嘗試性的口吻，向當事人表示自己欲使用幽默的方式，以試探當事人的反應（管秋雄，民 88）。

第三節　補救措施

一項幽默的處遇之所以無法引發笑聲，可能有各種的理由，例如諮商員本人可能就是無趣的，當事人可能無法了解幽默，或者當事人可能誤解幽默（Pollio, 1995）；再者，由於幽默可能發生誤用、當事人誤解諮商員運用幽默的意圖，以及諮商員使用幽默以後，當事人的反應並非如諮商員所預期的結果，因而傷害到當事人或破壞諮商關係，導致諮商無效。為了避免此類問題的發生，諮商員在面對幽默使用所引發的問題時，該採取何種補救措

施？這是諮商員欲在諮商情境中使用幽默技術時必要學習的課題。就此，Killinger（1987）曾提到復原的陳述（recovery statement）。這種復原的陳述能令諮商員所使用的幽默變得更緩和，而且諮商員的此種舉動，可能令當事人更積極地對待諮商員，並能讓當事人感覺更自由地去探索他自己的問題，這是由於諮商員對他的反應有足夠的敏感。Killinger 指出：剛開始使用幽默技術的諮商員，當他冒著使用幽默技術可能帶來的風險時，更應該去熟悉復原的陳述技巧；藉著它表達出諮商員本身對當事人所表現的任何焦慮反應的敏感度，以及澄清他的意圖。藉此，諮商員可以修正因為使用幽默所帶來的風險。

Pollio（1995）則以幽默技術使用過後對當事人的反應做再評估與補償的方式，來補救因幽默所帶來的負面效果。由於這種補償是一種人性化的歷程（humanizing process），因此能協助諮商員與當事人維持一個較長期的關係。

關於幽默技術使用過後當事人的反應為何，實非諮商員所能掌控；因此，從預防的角度來看，倘若諮商員在使用幽默技術之前，能對當事人做一些試探性的嘗試，或許在使用幽默技術時，較不易造成對當事人的傷害。管秋雄（民88）在他的研究中發現：若諮商員所使用的幽默帶有攻擊性，甚或是嘲諷性時，諮商員會採取一些嘗試性的試探。若使用過後覺察到當事人無法承受時，再進行補償性的工作。

第四節　實證研究

　　由於幽默刺激的多樣性與幽默反應的不確定性，因此，在一個複雜多變的心理治療過程中，究竟該如何應用幽默才不至於造成對當事人的傷害，以至於影響諮商成效。關於這方面的文獻，就如同前一節所述，多數是屬於論述性質，而非實證研究的結果；因此，我們實在很難從當中獲取有關實務應用方面的訊息。然而，幽默就如同其他治療技術一般，可能被使用，也可能被誤用（Schnarch, 1990）。據此，管秋雄（民88）曾從實務的觀點，探討諮商員在諮商過程中使用幽默技術時，曾經考慮的因素。根據他的看法，諮商員在晤談過程使用幽默技術時，他們心中曾經對哪些問題加以思考，實際上即反映出諮商員對幽默技術使用的倫理考量。研究結果發現，**由於諮商員使用幽默技術類型的不同，以及當事人特質的差異等因素，以至於所考慮的事項有些差異，**但仍然存在著相同的部分，如當事人的人格特質、當事人的承受度。以下將引述他的研究發現，以供參考。

一、諮商員在諮商中主要使用的幽默技術類型，是以幽默話語介入諮商的情境

　　在使用這類型幽默技術時所考慮的事項，主要有諮商關係、當事人問題的性質與脈絡、當事人人格特質、諮商氣氛、當事人

自我強度與承受度,以及諮商進展狀況。

㈠諮商員對諮商關係的考慮

以諮商員使用幽默技術類型的偏好而言,諮商關係深深地影響諮商員意圖使用幽默的技術。這與Salameh（1987）所言,於心理治療過程中使用幽默技術的原則是一致的。在諮商過程中,當諮商員意圖使用幽默技術時,諮商員會表現出擔心的情緒。這種擔心包含是否會令當事人覺得自己在搞笑,以及所使用的幽默技術是否對當事人有所助益。而此種擔心的狀況,則隨著諮商關係建立之後逐漸消退。但是諮商員在對「關係」的考慮上,會隨著諮商的進展,其重要性有逐漸減低的趨勢。

㈡當事人問題的性質與脈絡

當諮商員意圖運用幽默技術於晤談當中,對於當事人問題性質與脈絡的了解,將有助於諮商員對幽默技術介入時機的掌握;並且透過當事人對其問題的揭露,諮商員更能抓住當事人的問題焦點,以便更適切地使用幽默技術。這項結果驗證了蕭文（民89）與Polio（1995）所提幽默技術應用於諮商情境的最佳時機。

針對諮商員在使用幽默技術時,對當事人問題性質與脈絡之考慮,主要反映在幽默介入時機的選擇。除此之外,諮商員也會將當事人的人格特質列入考慮。另外,諮商員對當事人問題的性質與脈絡的考慮中,其實也反映出諮商員對當事人問題的診斷,以及處遇型式的選擇。

㈢當事人的人格特質

　　諮商員在使用這類型的幽默技術，會考慮當事人人格特質的因素，主要反映在三方面的事實上：其一是反映出諮商中諮商員所欲處理的問題，即為當事人的人格問題；其二則為當事人是否適合以幽默技術介入，亦即當事人是否能夠接受此種諮商的氣氛或方式；其三則為諮商員企圖以幽默技術的方式帶出當事人更多的覺察。

㈣諮商氣氛

　　諮商氣氛之所以成為諮商員在使用幽默技術當時的考慮因素，主要的原因在於幽默技術的使用，可以令諮商氣氛更活絡，並且能改變當時的氣氛。由此看來，諮商員在使用幽默技術時，會考慮當時的諮商氣氛與諮商員的意圖具有密切的關聯。換言之，諮商員在使用幽默技術介入諮商過程，是從幽默所能提供的功能角度出發。

㈤當事人的自我強度以及承受度

　　就此一考慮因素而言，主要反映在當事人對於諮商員所使用幽默類型的接受程度。由於諮商所使用的幽默技術類型，主要是以幽默的口語對當事人做回應，這種型式的表達，在有些時候可能是相當尖銳或具有相當的衝擊。當諮商員使用此類型的幽默技術時，首先會對當事人做一個判斷，以決定當事人是否能夠接受。當諮商員以比較誇張的方式，或帶有評價意味的言詞回應當事人

時，諮商員可能會有擔心的情緒。諮商員的此種擔心，除了反映出諮商員對於當事人是否能夠接受幽默諮商方式的考慮之外，也會反映在諮商員所選擇使用的幽默技術類型上。然而，諮商員這種對於當事人承受度的考量，會隨著諮商的進展，以及兩者關係的逐漸建立，而漸漸消退。

另外，對於在諮商過程中，所使用的幽默用辭是源於當事人或諮商員，也會影響到諮商員對此一因素的考慮。據此，諮商員對當事人的自我強度或承受度的考慮，其實反映的是：幽默技術對當事人所造成的衝擊效果上不確定性的考慮。

㈥諮商進展狀況

諮商員在使用此等類型的幽默技術時，所以會考慮這個因素，主要是和諮商員將幽默置於諮商中何種角色有關。當諮商員將幽默這個技術視為可提升諮商的趣味性，或者可令當事人更投入諮商過程時，如此，諮商員將對諮商進展狀況這個因素加以考慮。

二、當諮商員所使用的幽默技術類型為既有諮商技術，但亦屬於幽默技術

就此種類型的幽默技術使用而言，諮商員呈現較少的考慮因素，唯一考慮事項則為當事人的覺察能力。但對此項因素的考慮，會因為諮商員再度使用該項技術，以及諮商的進展而消失。

三、幽默技術結合其他諮商技術，藉以創造諮商中幽默反應或幽默氣氛

由於幽默技術的使用是以諮商員的同理心為基礎，同時還需諮商員隨時保持高度的敏感度。除此之外，諮商員對於即將使用的幽默技術，必須預測該項技術使用之後帶來的效果是否如預期。因此，當諮商員以這種方式在諮商過程中使用幽默技術，會針對以下幾項事實加以考慮：

㈠當事人的配合度

由於諮商員是將幽默融合在其他諮商技術中使用，因此對於諮商員而言，當事人是否能夠配合諮商員當時所使用的其他諮商技術的活動，其實是幽默技術使用的基本條件。

㈡當事人的準備度

當諮商員欲將幽默技術介入正在使用的其他技術時，諮商員會考慮到當事人的準備程度。若當事人準備度夠的時候，諮商員在將幽默技術介入諮商情境時，可以使當事人的防衛性降低。

㈢當事人的覺察能力

就此一考慮因素來說，諮商員對當事人覺察能力的考慮，是決定諮商員使用幽默技術的一項理由。換句話說，在使用幽默技術時，諮商員會考慮當事人是否具備足夠的覺察能力洞察諮商員

所使用的幽默技術。另一種可能，即諮商員是基於提升當事人的
覺察能力而使用幽默技術。

㈣諮商進展狀況

　　諮商員對諮商進展狀況的考慮，主要是反映出諮商員使用幽
默技術的動機。以這個因素來說，諮商員所以會將此項因素列入
考慮，主要是幽默具有催化晤談進行的效果，使當事人更願意投
入諮商情境，並令晤談更趣味化。更重要的是，幽默能使其他諮
商技術更有戲劇化效果，以強化該諮商技術的效能。

　　諮商員在諮商過程中意圖使用幽默技術時所考慮的事項，將
隨著諮商員使用幽默技術的類型、如何將幽默技術介入諮商歷程
的方式，以及諮商員將幽默置於諮商中的何種角色的差異，而呈
現不同的考慮。事實上，諮商員在使用幽默技術時所考慮事項的
多寡，其實也反映出諮商員在使用幽默技術時，其思考的廣度與
深度。因此，當諮商員所使用的幽默技術類型不同時，當然呈現
出不同的考慮因素。再者，由於晤談情境瞬息萬變，若要全面掌
握幽默技術使用應注意的事項，的確是一件相當困難的事情。因
此，當諮商員在使用某項幽默技術時，或許僅能針對當時晤談情
境所需而加以考量，以至於每位諮商員在使用每一項幽默技術時
所考慮的事項可能不同。更甚者，同一位諮商員在不同的晤談時
段中，即使使用相同的幽０默技術，也可能出現不同的考慮因素。

10

影響諮商員使用幽默技術的因素

第一節　影響諮商員使用幽默技術的因素

　　影響諮商員在諮商歷程使用幽默技術因素的探討，在文獻上僅有少數且零星的提到，至於有哪些因素可能影響諮商員使用幽默技術，並沒有專文論述；而且這類型的文獻所提到的部分，大都與諮商員有關。例如諮商員對幽默的使用能力、諮商員的成熟度、諮商員的態度、諮商員的經驗，以及一般的諮商技術（注意、聆聽、同理心等等）。Killinger（1987）認為諮商員的經驗水準，會影響其對幽默技術的使用。但是經過她實證研究發現，並非是諮商員的經驗水準，而是**諮商員的成熟度、發展因素與環境因素**，

才是影響諮商員考慮使用幽默技術的重要因子。例如個體表現在取笑他們自己、接納他們自己的限制、接納別人的限制，並且能從幽默的觀點來看待自己缺陷的能力等，都是和幽默使用具有特殊關聯的成熟特徵。

諮商員本身的幽默感、諮商員對於幽默運用在諮商歷程的態度、諮商員個人的關聯風格、諮商員自己表達幽默的方式、諮商員覺察當事人對幽默反應的能力、諮商員對於當事人所關心的主題具有較高的敏感度，這些都是影響諮商員使用幽默技術重要的因子。除此之外，Driscoll（1987）也認為，良好的幽默需要諮商員全心的注意力與執行能力，並且需要耗費諮商員的能量。因此諮商員的能量水平也是一項重要的影響因子。

Madanes（1984）也指出治療師的人格與概念化能力，能夠使治療者在形成幽默處遇上具有相當的空間；更主張治療者必須保持樂觀，而且能在特殊情境或習慣性的情境裡發現幽默的要素。

影響諮商員使用幽默技術的因素可分成三大範疇（管秋雄，民 88）：其一是諮商員在諮商歷程中覺察到與當事人有關的因素，因而影響諮商員對幽默技術的應用；其二為諮商員覺察到與自身相關的因素，以致影響諮商員在晤談過程意圖使用幽默技術；其三是諮商員覺察到與晤談當時的情境相關因素，而影響諮商員對幽默技術的使用。管秋雄指出：諮商員在諮商歷程中使用幽默技術的影響因素是多重的，而且對每位諮商員的影響因素也不盡相同。換言之，每位諮商員由於所接觸當事人的人格特質或問題性質等等的不同、諮商員所使用的幽默技術類型上的差異、幽默種類、諮商員本身對幽默技術的角色定位、諮商員所使用的幽默

技術類型、諮商員本身的諮商風格等各方面的不同，導致每位諮商員在幽默技術使用上，其影響因素各有不同；即使是相同的因素，對不同諮商員的影響也大異其趣。

　　管秋雄曾針對此一主題所做的研究發現，除了諮商員使用不出來的原因之外，尚有以下幾種影響諮商員使用幽默技術的因素。

一、當事人當時的狀態、準備度、對活動的配合程度，以及對諮商投入的程度

　　就這些影響因素而言，可以從兩個不同的觀點來了解：其一，諮商員在諮商過程中，使用幽默技術的類型；其二，諮商員在諮商歷程中，將幽默置於何種角色來加以說明。如果諮商員在晤談當中主要使用的幽默技術類型，是在創造晤談中幽默的氣氛，那麼當事人當時的狀態、準備度、對活動的配合程度，以及對諮商的投入程度，會影響到諮商員使用幽默的技術。

　　再從諮商員將幽默置於諮商歷程中的角色來看，諮商員在諮商過程中，主要是將幽默置於輔助性的角色；也就是當諮商員在使用其他諮商技術時，注入幽默的要素在其中，以使當事人能更充分在晤談中獲得洞察。那麼當事人當時的狀態、準備度、對活動的配合程度，以及對諮商的投入程度，也將會影響到諮商員使用幽默技術的效果。

二、當事人的反應

　　當事人的反應狀況會影響到幽默技術的使用，然而這個因素對不同諮商員而言，其影響性質上有些差異。當諮商員意圖使用的幽默技術類型是以幽默要素介入諮商過程中，則諮商員首先會對當事人當時的反應狀態做一個判斷，以確定是否使用幽默技術是恰當的。

　　若諮商員意圖使用幽默的類型，是以創造幽默反應的技術，那麼諮商員將以當事人的反應作為判斷所使用的技術是否為幽默技術。另外，當事人對諮商員意圖使用幽默技術之後的反應，也是影響到諮商員是否會持續使用幽默技術的因素。

三、當事人的問題狀況

　　在當事人的問題狀況不明朗之前，將會影響到諮商員意圖使用幽默的技術。諮商員對於當事人前來求助的問題性質尚未澄清之前，確實對諮商員使用幽默技術上會有某些影響。然而這種影響可能反映出諮商員個人習慣的諮商模式或諮商風格，以及在諮商過程中，諮商員將幽默技術的角色定位在哪裡。

四、當事人的特質（個性、風格、自我強度、覺察能力），以及對幽默氣氛接納的情況

　　當事人的特質對諮商員使用幽默技術的影響，可能透過諮商員對當事人特質的掌握程度而顯現。當諮商員愈能掌握當事人的特質時，或許就愈能掌握使用幽默技術的時機；另外，也可能透過諮商員對當事人覺察能力的考慮。換言之，諮商員對於當事人覺察能力的評估，影響到諮商員使用幽默技術的意圖。這兩種影響諮商員使用幽默技術的機轉，其實也反映出諮商員在使用幽默技術上的意圖。換言之，即諮商員使用幽默技術介入諮商情境中所預期達到的目標為何。

五、諮商員的意圖

　　從技術的觀點來看，諮商員的意圖對於使用幽默技術的影響，在於選擇何種幽默技術介入諮商。因此，在諮商員使用幽默技術之前，必須先有某些意圖在心中，然後才選擇某種幽默技術介入晤談當中，並期待當事人產生諮商員所預期的結果。

六、諮商員對幽默技術使用後的預期

　　由於有些幽默技術的使用，可能帶著一些冒險性，因此，對於幽默技術使用後的結果預期，也會影響諮商員對幽默技術的使

用。

七、諮商員先前使用幽默技術之效果

諮商員在晤談過程中曾經使用過的幽默技術,發現使用後的效果不錯,那麼諮商員再度使用該項幽默技術的頻率會增加。而且當諮商員再次使用該項技術時,其擔心的狀況會減低。

八、諮商員晤談當時的狀況(準備度、生理、精神、放鬆程度、擔心)

諮商員對幽默技術的使用,會受到晤談當時諮商員本身的狀態而影響;而這些影響可能透過其他的機轉所導致,如生理狀況,以及晤談當時的環境,會影響到諮商員應用幽默技術。當諮商員處在這種狀態下,或許他所著重的焦點在於如何改善這兩方面的因素,以至於忽略了該如何將幽默技術介入,或者忽略對幽默介入時機的覺察。

由於諮商員的放鬆程度直接影響到諮商員的反應以及處理的彈性,因此,在晤談過程中,諮商員本身放鬆的程度也將影響到對幽默技術的使用。晤談當時,諮商員本身的精神狀況與能量也會影響到幽默技術的使用。諮商員在使用幽默技術之前的準備度是否足夠,也會影響諮商員使用幽默技術。在對當事人的特質評估之後,對於使用幽默技術上會產生一些擔心的狀況;此種擔心的狀況,直接影響諮商員對幽默技術使用是否恰當,以及可不可

以使用幽默技術的判斷。

九、諮商員的覺察能力、敏感程度與組織能力

在晤談過程當中，諮商員的覺察能力、敏感程度與組織能力，會影響到幽默技術的使用。但並非這三種因素皆會對諮商員的幽默技術使用造成影響，還須視諮商員所使用的幽默技術的型式，以及所使用的幽默類型而定。以諮商員的覺察能力來看，當諮商員所使用的幽默技術類型，是以幽默的言語來回應當事人，以使當事人獲得洞察或學習，此時諮商員的覺察能力表現在對當事人的特質、認知能力的了解，以及介入時機的掌握上。若諮商員所使用的幽默技術類型，是創造晤談過程中的幽默氣氛或反應，那麼諮商員的覺察能力，則充分表露在幽默條件的覺察上。

十、諮商員意圖使用幽默技術的能力

諮商員在諮商過程當中，欲使用幽默技術最直接相關的因素即為此。對此項因素而言，不同的諮商員可能受到不同層面影響。例如對於幽默技術使用不太純熟，尚無法在晤談中選擇最恰當的的時機點切入，以使當事人有更多的思考。或者認為將幽默技術應用於諮商歷程中是一件很難的工作，或可能與諮商員本身的人格特質有關。另外，就是與 Driscoll（1987）所提到的諮商員的庫存幽默（stock humor）有關，換言之，即諮商員本身具備的幽默題材愈多，在使用幽默技術上可能會感覺較容易。相反地，諮商

員本身具備的幽默題材愈少，在使用幽默技術上可能會感覺較困
難。

十一、諮商員對幽默介入諮商情境的態度，以及 諮商員對傳統諮商的看法

諮商員本身對幽默介入諮商情境的態度，主要是關於諮商員
使用幽默技術的次數。在影響機轉上，會隨著諮商員個人觀念的
不同而呈現差異。例如：諮商員認為幽默技術似乎無法將當事人
帶入更深層的學習與領悟，因此，諮商員會意圖在諮商的過程中，
減少幽默技術的使用。

十二、諮商員的諮商取向與風格，以及為了使風 格得以延續

諮商取向對於諮商員使用幽默技術的影響，會隨著不同的諮
商員而呈現差異。換言之，不同諮商取向的諮商員在幽默技術使
用時，其影響的機轉在本質上有些差異。例如，諮商員較常使用
的幽默技術類型，是自己慣用的一般諮商技術，但該技術是具有
幽默成分在其中的幽默技術。至於諮商風格對於諮商員使用幽默
技術的影響，似乎還是反映出使用次數的多寡，以及幽默技術在
諮商中的角色定位。另外，諮商員為了維持一貫的風格，因而會
持續使用幽默技術。

十三、諮商員的人格特質

　　諮商員的人格特質會影響到其使用幽默技術的意圖。深入探討此一因素後可以發覺，這個因素並非直接影響諮商員意圖使用幽默技術的因素，而是透過上述這些因素所造成的間接影響。事實上，前述所提各項因素，其實都反映出諮商員個人的人格特質。

十四、晤談的話題與內容

　　晤談的過程裡，當事人欲探討的話題與當事人所揭露的內容，將會影響諮商員使用幽默技術。然而，這個因素對諮商員所造成的影響，對於不同的諮商員卻有所差異。例如當事人所欲探討的主題，愈能呈現當事人的掙扎或困頓的狀況時，諮商員愈能發現幽默介入的時機。

十五、諮商關係、晤談的氣氛與熟悉度

　　晤談過程中所呈現的諮商關係、晤談的氣氛，以及當事人與諮商員彼此的熟悉程度，也會影響諮商員使用幽默技術。

十六、幽默介入之時機

諮商員能否覺察幽默介入的時機，對於幽默技術的使用上，是一項相當重要的影響因子。

十七、諮商的進展、諮商的節奏

諮商的進展程度，會影響諮商員對幽默技術的使用。這個影響因素，可以從諮商中使用幽默技術的前置條件上去了解。讀者可逕行參考第五章第二節的部分。另外，關於幽默技術的使用，是否會破壞正在進行的諮商的節奏，也是影響諮商員使用幽默技術的一項因素。

十八、是否醞釀幽默條件

在晤談進行的過程中，是否醞釀了足夠的幽默條件，此一因素會影響諮商員使用幽默技術。尤其是當諮商員所使用的幽默技術類型，是以在諮商中創造幽默反應時，它的影響更是明顯。

第二節　諮商員未能使用幽默技術的影響因素

「諮商員未能使用幽默技術的影響因素」係指在諮商歷程中，

諮商員覺察到可以應用幽默技術，但由於某些因素的影響，使得諮商員並未使用該項技術。這個主題的探討僅反映出在諮商員個人覺察能力範圍內，可以使用幽默但未使用的情形。管秋雄（民88）將影響諮商員未能使用幽默技術的因素，分成五大項：**諮商員晤談當時的焦點與意圖、與諮商員能力相關的因素、諮商員的狀態、諮商員的特質以及諮商員對幽默介入諮商的態度、與當事人有關的因素等五大影響因素**。以下將逐項分別說明。

一、諮商員晤談當時注意的焦點及意圖

諮商員在晤談時，若有其他令諮商員更注重的焦點或諮商員有其他的意圖，將會影響諮商員對幽默技術的使用。當諮商員面臨這種狀況時，切勿為幽默而使用幽默，畢竟幽默僅是在眾多諮商技術中可以選擇的技巧之一——除非在當下使用幽默技術，可以為當事人帶來更大的助益。

Driscoll（1987）曾經提到，幽默經常是自發性地發生在此時此刻的動力中，而且很容易在晤談後被遺忘。再者，由於幽默常常是片斷的、奇妙的，而且與當事人立即性關注的焦點緊緊相連。故在晤談中，若諮商員當時關注的焦點不在幽默技術使用上，那麼將很容易忘記對使用時機的覺察，並使用之。

二、與諮商員能力相關的因素

諮商員本身的覺察能力、臨場的反應、辭窮或庫存幽默不足，

以及使用不出來（如：不熟悉幽默技術、尚未有具體的用法、無法將當時的意圖以幽默方式凸顯等因素）。若諮商員是因為這些因素而無法使用幽默技術，那麼諮商員必須放棄使用幽默技術，切勿勉強使用。

與諮商員能力相關的因素，除了覺察能力之外，其餘四項因素皆與諮商員使用幽默技術的能力有關。由此可知，無論諮商員所使用的幽默技術類型為何，諮商員欲在晤談中使用幽默技術，是需要接受訓練的。如此，諮商員才能在技術使用後，對當事人的反應作預測。

三、諮商員當時的狀態

即晤談當時諮商員的準備狀態：是否感受到壓力、是否足夠放鬆、是否受到干擾，以及諮商員當時是否具有足夠的能量等，這些因素可能都是影響諮商員在可使用幽默技術的時機下卻未使用的因素。

若以本項影響因素而言，似乎反映出諮商員當時的狀態影響了諮商員以幽默方式回應當事人的能力，以及諮商員是否意圖應用幽默技術。除此之外，也受到諮商員使用幽默技術類型的影響。換言之，當諮商員本身狀況不佳的情況下，欲在晤談中創造幽默的反應，似乎是強人所難，甚或是造成諮商員強顏歡笑的局面。如此使用幽默技術的效果可謂不存在，甚至帶來負面的效果，或者是為幽默而幽默的情況。

四、諮商員的特質以及諮商員對幽默介入諮商的態度

諮商員本身的人格特質，以及諮商員對幽默介入諮商的態度，也是影響其在可應用幽默技術時機下卻未使用的因素。

若就諮商員的特質，以及對幽默介入諮商的態度而言，可能反映在諮商員於晤談過程中使用幽默技術的次數上。

五、與當事人有關的因素

當事人對幽默的反應、當事人的覺察能力，以及當事人的準備度，也是影響到諮商員在可使用幽默技術時機下卻未使用的因素。影響的機轉可能在於諮商員對當事人的反應、覺察能力，以及準備度的評估上，而非諮商員對幽默技術使用的能力方面。

如前所述，諮商員在覺察可使用幽默技術時機，卻未使用該項技術的影響因素，主要是受到諮商員覺察能力的限制。然而，在整個晤談過程中，可能存在著諮商員可使用幽默技術的時機，但是卻未能覺察者。

管秋雄（民 88）認為有關諮商員無法覺察使用幽默技術時機的因素，可能與下列因素有關：

其一，諮商員對幽默技術使用的不熟悉，因此，對於使用時機的覺察不是那麼敏銳。

其二，可能是受到諮商員本身人格特質的影響。當諮商員的人格是較具幽默特質，自然也較容易覺察到晤談中可使用幽默的時機。相反地，當諮商員的人格不具幽默特質時，當然對幽默介入時機的覺察能力較弱。

其三，諮商員可能受到傳統諮商觀念的牽絆。諮商員可能認為諮商是一項嚴肅的工作，不太適合以幽默介入其中，以至於忽略了對晤談情境中可使用幽默技術時機的覺察。

其四，可能是諮商員在晤談過程中不夠自在與放鬆，導致敏感度變得較低，也較缺乏彈性。因此，無法覺察可使用幽默技術的時機。

諮商員在諮商過程欲使用幽默技術，可能會面臨不同影響因素，以至於無法將幽默技術順利地應用於諮商情境中。當諮商員面對這個問題時，其實尚可選擇其他不同的諮商技術，以處理當事人的問題。就如同 Freud 所提：幽默在治療上，僅是一項可考慮使用的附屬處遇（O'Maine, 1994）。並且在本書第四章也曾引述 Salameh（1987）的一段話：幽默諮商並非是一種特別的諮商理論學派。因此，諮商員也毋須執著於非運用幽默技術不可的心態。身為一位諮商員，其實更需要思考的問題是：「我該如何才能更順暢地將幽默技術運用於諮商情境，使其發揮最大的功效，否則寧可不用。」就如同 Killinger（1987）所提到：影響諮商員對幽默技術使用的因素，主要有**諮商員的成熟度、發展因素與環境因素**。因此，諮商員如何在經驗中學習，以提升自己的成熟度，或許是強化諮商員運用幽默技術能力的重要管道。

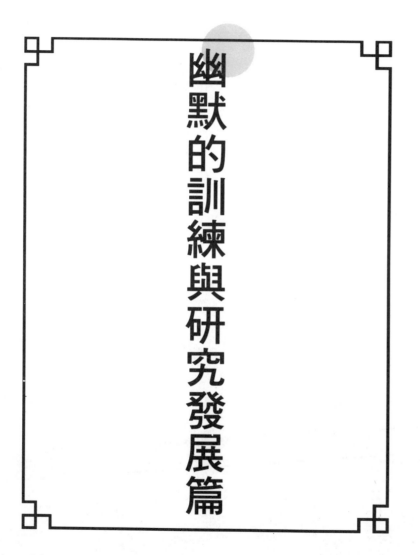

幽默的訓練與研究發展篇

11

幽默技術訓練的內涵

　　雖然 Koelln（1987）與 Bennett（1996）曾以質性研究方式，
深入訪談諮商員以及正在接受諮商的當事人，對於幽默介入諮商
歷程的看法，其結果與一般論者的見解相當一致。可惜的是，這
些受訪的諮商員均未接受過任何有關幽默或幽默諮商的訓練。因
此，該研究所得到的結果，可能僅反應出受訪者個人對於幽默介
入諮商過程的意見而已。O'Maine（1994）曾經指出在心理治療訓
練計畫中，幽默似乎是最少被研究的要素之一，或者可說是最少
被探討其應用的主題之一。幽默諮商發展至今，多數對於治療情
境中使用幽默的文獻，都來自於對個案研究的臨床經驗，或者是
根據諮商員個人的意見，而不是針對此一主題加以研究而得的結
果（Bennett, 1996; Brown, 1980; Dimmer, Carroll & Wyatt, 1990;

Greenwald, 1975; Haig, 1986）。

第一節　幽默與幽默技術的學習可能性

　　幽默是否為可經由學習而得的一項能力，學者們的見解不一。
有學者（Powell & Andresen, 1985）認為幽默是一種天賦能力，不
是經由學習或訓練可以獲得的能力。但有部分學者（Crabbs, Crab-
bs & Goodman, 1986; Goodman, 1983; Kelly, 1983; Leon, 1986;
Ness, 1989）則以為幽默是可以經由培養而得的能力。如 Salameh
（1987）認為幽默是可以透過教導、學習，以及練習的一項技巧。
同時也指出透過特別的訓練課程，多數人也能夠學習如何創造幽
默。Driscoll（1987）也認為幽默使用的能力，是可以藉著正確的
訓練經驗而同化與增進，並能改善自身。

　　其次，關於諮商員如何使用幽默技術於諮商歷程此一問題上，
蕭文（民 89）曾經指出：**幽默技術運用的難處就在於缺乏慣性。**
話雖如此，但諮商員在臨床上欲使用幽默，仍然可以透過督導，
以及在適切內容與步驟下，進行臨床工作坊訓練方式而增進。對
於準備將幽默使用於諮商歷程的新手，Driscoll建議諮商員使用幽
默的最佳開始方式，就是以諮商員本身既存的幽默感，以及關聯
的風格（style of relating）；注意自己表達幽默的方法，以及他人
對幽默反應的方式；並且注意自己可能已經在諮商晤談中使用過
的幽默，或者在日常生活的社會關係所使用的幽默。花一些腦筋
思考幽默是什麼，以及它是如何發生作用；並且**多觀察他人如何**

使用幽默。

第二節　幽默技術訓練的必要性

Kubie（1971）認為當幽默出現在治療情境當中，可能對當事人造成負面的影響。因此，他反對將任何型式的幽默應用於治療情境中。首先 Kubie 指出，自發性的思考會因為幽默的出現而受干擾；而且當事人可能會將其視為諮商員的一種防衛，或焦慮的表現。這種看法，可能會令當事人對諮商員執行治療態度的嚴肅性產生懷疑。除此之外，Kubie 也主張諮商員必須隨時保持中性的態度，任何使用幽默的企圖，可能混合著當事人痛苦的狀態在裡面。他認為在晤談之初，任何的趣味性都可能對整個處遇療程產生負面的扭曲（O'Maine, 1994）。Killimger（1987）指出Kubie反對治療情境使用幽默主要的理由，圍繞在諮商員幽默的表達，或阻礙當事人的自由聯想，因而導致當事人產生一種迷惑：諮商員究竟是嚴肅的、嘲笑的、開玩笑的，或偽裝自己敵意的？再者，Kubie也陳述幽默可能是諮商員一種自我表現或愛現，或個人為了對抗處理心理痛苦的一種防衛機轉，而且可能會阻礙諮商員自我觀察與自我校正的機轉。

根據 Kubie 反對在治療情境使用幽默的論點，主要是針對心理分析學派而發。但是，Freud早在一九〇五年即指出，為了要降低痛苦並促進健康，幽默是一項治療上可考慮使用的附屬處遇（adjunctive tretment），尤其是對高敏感度的當事人（O'Maine,

1994）。

　　Dimmer 等人（1990）也引用 Narbboe（1981）的說法表示：
幽默的使用具有冒險性。它的功能雖多，但使用過度卻太危險，
當事人可能缺乏力量可以行動；但如果捨去不用，又顯得太安全
了，當事人可能又缺乏動力以資行動（張景然，民 83）。幽默在
諮商可扮演多重的角色，並提供多重的功能，然此等角色與功能
的發揮，則隨著諮商員在使用幽默技術的意圖與諮商員將幽默定
位於何種角色而改變。雖然幽默在諮商情境具有如此多的角色與
功能，但幽默的傳遞者與接收者之間，也存在著所謂後設溝通特
性。換言之，幽默傳達者所傳遞的訊息與意圖，可能與接收者對
該幽默之解釋有所差異，因此未能造成幽默反應。此等狀況若發
生於諮商情境，將有礙諮商的進行，甚至對當事人造成傷害。

　　幽默在諮商中可扮演多重的角色，並提供多重的功能，但在
治療情境，使用幽默是具有冒險性的。因此，為了避免諮商員在
諮商情境因使用幽默技術而造成對當事人的傷害，所以，諮商員
實有必要接受幽默技術使用方面的訓練。

第三節　幽默技術訓練課程之內涵

　　完整的幽默技術訓練課程，究竟需要包含哪些內容才適切或
足夠？關於這方面的問題，雖然有學者曾經提出他們的看法，但
是這些課程的內容是否適切、或足夠讓接受訓練的諮商員得以在
諮商情境使用幽默技術，而不致誤用或濫用，並造成對當事人的

傷害？

　　Fry 與 Salameh（1987）根據他們在執行幽默訓練工作坊的經驗指出：多數人經過訓練後，至少能夠獲得中等程度有助益的治療性幽默使用。Salameh（1987）曾發展出一套幽默訓練課程，名為幽默洗禮訓練（humor immersi on training）。在幽默洗禮訓練課程中包含十二項主題，分別為：幽默的益處（benefits of humor）、阻礙幽默的態度（attitudinal blocks to humor）、進入幽默的天地：幽默創造技術（entering humor-land：humor and creation techniques）、笑聲的敘述：述說幽默的故事（the narrative laugh：telling humorous stories）、發覺內在幽默經驗（diamonds in your own back yard）、幽默的道具（humor instruments）、治療性與傷害性幽默（therapeutic versus harmful humor）、打擊自己概念上的習慣：幽默與創造力（beating your conceptual rut：humor and creativity）、對於快樂的人的思考（thoughts on happy people）、實作（doing it）、工作坊後的追蹤（post-workshop follow-up）、參與發笑者匿名團體（laughers anonymous）。

　　O'Maine（1994）曾以實證的方法，探討幽默技術訓練課程對於具有執照的社區心理健康中心之治療師、精神病院之護士，以及心理研究所之研究生的訓練效果。該訓練課程是以工作坊的形式為之。該工作坊的設計主要是讓臨床人員與學生熟悉心理治療中幽默的使用。整個訓練課程包括四個階段：第一階段為幽默與心理治療歷史的回顧（a history review of humor and psychotherapy）；第二階段為幽默的發展、社會，以及神經心理學特徵（developmental, social and neuropsychological aspects）；第三階段

為神經學，以及實驗方面的發現（neurological and experimental findings），第四階段為使用幽默達成治療性改變（affecting therapeutic change with humor）。該實驗所得的資料，以重複量數前後測 t 考驗方式加以分析。研究結果發現處理的效果達到顯著水準。O'Maine 並指出所有接受訓練的人員，似乎對治療性幽默的精髓皆能有所領悟。從 O'Maine（1994）的研究來看，幽默似乎是可經由訓練而得之技術。然而 O'Maine 的研究卻僅能評量出受訓者對心理治療中幽默使用的認知概念，對於心理治療幽默使用能力上是否也可經由訓練而得，則缺乏支持性的證據。

管秋雄（民 88）也曾設計一套幽默技術訓練課程，以訓練諮商員如何在諮商歷程使用幽默技術。該訓練課程的內容是根據 Salameh（1987）、O'Maine（1994）兩位學者所編製的幽默訓練課程、研究目的，以及他個人修習幽默諮商專題研究課程的心得發展而成。為了讓接受訓練的諮商員更能掌握幽默諮商的精髓，以及更自在地在諮商中運用幽默的技巧，該課程除了針對這一個目標設計課程之外，也特別從諮商過程的角度，去整理可能使用幽默技術的時機，並加入課程之中，藉以訓練諮商員。該訓練課程也是以工作坊的形式進行，課程內容包含幽默概念介紹、幽默諮商之介紹、幽默技術之介紹與演練、諮商情境使用幽默注意事項，以及課程內容之回顧、模擬接案與分享等五大單元。

幽默要成為一項諮商員可以使用的技術，必須從諮商員在使用該項技術的角度來檢視這些課程內容。換言之，課程內容必須能夠提供足夠的知識內容，以及技巧的訓練。除此之外，諮商員若有意將幽默技術應用在晤談當中，應該先對本身的人格特質、

幽默介入諮商的態度，以及將幽默置於諮商中何種角色等問題做深入的探討；再者，諮商員也應該多培養自己的幽默特質，並且多蒐集有關幽默的題材，以增加本身庫存幽默之存量（管秋雄，民 88）。

在設計幽默技術訓練課程的內涵方面，Steven（1992b）的看法值得我們參考。他指出在諮商中為了能夠有效使用幽默，諮商員需有以下幾方面的素養：

1. 諮商員具有使用計畫性幽默技術的能力。

2. 諮商員需要有意願使用幽默。

3. 諮商員要有能力評估當事人的幽默層次與當事人接受幽默處遇的能力。

4. 諮商員需有足夠的準備度，以便對當事人的幽默反應做回應。

5. 諮商員需要輕鬆地看待自己，但要嚴肅地看待自己的工作。

6. 就如同身為人一般，諮商員必須真誠且一致地使用幽默。

其中第三點有關諮商員要有能力評估當事人的幽默層次，與當事人接受幽默處遇的能力，這在前述相關幽默訓練課程當中並未提及，但是諮商員的這種評估能力確實相當重要。從消極的層面看，可以防範諮商員對幽默的誤用或使用不當的情況；從積極面來看，可以使諮商員更能發揮幽默技術的功能。因此，在幽默技術的訓練課程當中應該加入這方面的內容。對此，Steven（1994）曾提出四種不同評估個人幽默商數（humor quotient）的方法：

1. 觀察個人目前對幽默的使用（observing current uses humor）

　　評估一個人對幽默接受性的諸多方法中，第一種並且是最容易的方式，就是觀察當前這個人在其他人面前，或者在你面前呈現幽默的方式。當一個人愈能夠以健康的方式表現他的幽默，那麼這個人對幽默處遇的接受性就愈強。如果個人使用的是隔離式幽默（distancing humor），如諷刺性（sarcasm）或貶抑性幽默（put downs），那麼這個人對於幽默處遇將比較傾向不接受。

2. 在個人生活當中所期盼的幽默角色

（soliciting the role of humor in individual's life）

　　第二種評估個人幽默的方式就是詢問他（她）在他（她）的生活當中，幽默扮演何種角色。個人對於這個問題的回答速度、反應的能量水平，以及回答的內容，皆可顯示幽默在這個人生活當中的重要性。

3. 觀察個人取笑自己的能力

（observing the individual's ability to laugh at him/her）

　　第三種評估幽默接受性的方法，就是個人取笑自己的能力。當個人愈能夠取笑自己，那麼這個人就愈有較高的自尊（self esteem），因此，他（她）對幽默處遇的接受性就愈高。因為能夠取笑自己是需要有較強的自尊，以及較強的自我概念。

4. 觀察個人對其他人呈現幽默時的反應

（observing the individual's response to the humor of others）

　　評估個人幽默的第四種方式，包括對這個人呈現幽默之後

再觀察他（她）的反應。身為一位幽默的呈現者，你或許會與他人分享笑話、故事、卡通或其他幽默的要素。當你呈現幽默時，觀察其他人的反應，或笑、或微笑、或能量的增加、或有意願與他人分享你自己的幽默等等，這些皆可作為一個人對幽默接受性的指標。

12

幽默諮商研究之發展與困難

第一節　幽默諮商研究之發展

Shaughness 與 Wadsworth（1992）曾經對幽默諮商的發展這個主題做回顧性的探討。他們發現二十年來在諮商與心理治療情境，探討幽默的研究文獻有六十七篇，並且**依研究發展的觀點，將其歸納成下列幾個階段：**

一、初期（early beginings, 1970～1979）

研究的重點包含三個主題：

㈠幽默研究的適切性與效果的爭議

對於這方面的研究，有人將幽默視為促進當事人洞察，然而必須是在治療關係相當穩固的狀態下（Poland, 1971）；有人視幽默為強化治療關係所不可或缺的要素（indispensable ingredient），尤其當治療關係很深厚時（Rosenheim, 1974）；有人認為幽默在治療關係中，會產生破壞性和傷害性的結果（Kubie, 1971）。由此可知，對於幽默在諮商與心理治療中的應用，有兩種不同的看法：其一是諮商員與當事人兩者的關係必須符合某種條件，方可使用幽默，換言之，即在某種條件限制下，才可在治療情境中使用幽默；其二為反對幽默在諮商與心理治療情境中應用。

㈡諮商與心理治療模式的探討

關於此一主題主要在探討幽默運用的方式包含笑（Grotjahn, 1971），以及在一九七四年 Lacroixn 所研究的幽默圖畫在治療情境中的運用，與幽默量表（Hickson, 1977）和心理分析、認知、人文三學派對幽默的見解及其使用效果（Hickson, 1976）等等。

㈢訓練和系統化的要求

關於這方面的研究較少，僅Klein曾經提及幽默在諮商教育中不曾被理論化、系統化的重視；因此，呼籲對諮商員的訓練是有其必要的。

二、混沌期（the enigmatic eighties, 1980～1989）

研究的範疇也包含三個主題：

㈠對幽默的定義

以幽默的定義而言，大體上獲得一個共同的概念，即「一種將原本矛盾、不協調、不合邏輯的事件予以巧妙地結合起來，並獲得新的意義，以產生令人驚奇、愉悅或緊張紓解的感受。」如Sands（1984）討論到幽默是什麼，是什麼因素使得事情令人感到驚奇，以及病人和諮商員具幽默感的重要性。

㈡幽默使用的技術與指引

在本時期開始有人分析構成幽默的要素，並發展成訓練課程。包括：幽默的正確使用與誤用、自我揭露、自我探索、放鬆的心情、親近當事人的態度，以及矛盾思考等，對教育訓練評量及治療均有所助益。如 Reynes 與 Allen（1987）將幽默視為一種評量工具與治療工具。Ness（1989）在 *Psychological Abstracts* 中，收錄了從一九七二到一九八七年間，可以被諮商教育人員使用、以增進諮商員學習，並且能促進當事人社會化的相關文獻，計二十五篇。

㈢臨床研究成果

從臨床實證研究中，發現將幽默應用在諮商與心理治療中，

所得到的結果並非很一致。若就正向結果來看，包括能使當事人覺得諮商員具吸引力（Foster & Reid, 1983; Megdell, 1984）、壓力的紓解（Prerost, 1989）、有助於面質的實施、澄清，以及對不合理信念的理解（Nevo, 1986）；但也有學者使用矛盾式幽默、影片、笑話等方式，卻未能呈現出正向的結果（Dowd & Milne, 1986）。

三、現今的研究（current report, 1990~）

新近的研究大都集中在一般性或特定學派的特定問題探討上。如焦慮與壓力紓解、增進領悟、促進諮商關係、諮商員與當事人彼此的同理與親近（Dummer, Carroll & Wyatt, 1990）等項目的效果研究（張景然，民83）。

若以研究的方法將現有對幽默在諮商與心理治療領域的研究文獻加以分類，則可分成以下幾種類型（管秋雄，民88）：

㈠理論性的論述

此類型的研究方式主要是從幽默心理學的觀點，論述幽默在諮商與心理治療領域應用的可能性（Foster, 1978; Gladding, 1991; Leone, 1986; Madanes, 1984; Wierzba, 1989；陳金燕，民83；張景然，民 83；蕭文，民 89）、幽默在諮商與心理治療中的角色（Mosak, 1987; Schnarch, 1990）、幽默可能帶來的效果（O'Brien, Johnson & Miller, 1978），以及諮商員在運用幽默技術時應注意的事項（Crabbs, Crabbs & Goodman, 1986）。大多數此等研究文獻，

在本質上不是描述性即為理論性（Koelln, 1987）。

(二)實證性的研究

此類研究又可以其執行方式，分成描述性的深度訪談（Bennett, 1996; Koelln, 1987; Rossel, 1981），以及實證性的研究（Falk & Hill, 1992; Foster & Reid, 1983; Megdell, 1984; Nezu & Blissett, 1988; Olson, 1992; Pollio, 1995; Prerost, 1983; Rule, 1977; Yovetich, Dale & Hudak, 1990）。

Koelln（1987）也曾從幽默與心理治療兩者關係說明研究種類：

第一將幽默視為主體，以研究心理治療歷程中所發生的幽默事件（Foster & Reid, 1983; Rossel, 1981; Yovetich, Dale & Hudak, 1990）。如 Salameh （1983）描述在治療情境中，潛在的幽默類型有九種。

另一類則是以心理治療為主體，將幽默視為一種治療技術。如 Falk 與 Hill（1992）研究短期諮商中，當事人笑聲與諮商員的處遇這兩者的關係。研究結果發現以幽默式的介入（humorous intervention）方式比冒險式介入（risk intervention）方式，將引起當事人更多的笑聲。

第二節　幽默諮商研究之困難

幽默在諮商中的研究雖歷經二十多年的發展，但相對於其他

的研究，文獻上顯得相當稀少。除了幽默本身缺乏具體性與結構性，以至於常被研究人員所忽視（Gladding, 1991）；對於將幽默應用於諮商情境中，學者們的看法也不一致（Kerrign, 1983; Olson, 1996），甚至有學者（Kubie, 1970）反對將幽默應用於諮商情境中。另外，對於將幽默運用於諮商情境中的效果難以預期，亦致使研究人員卻步。管秋雄（民88）指出有關幽默諮商研究的困難，有以下幾方面：

一、在幽默概念上，學者或研究人員未能取得共識

O'Maine（1994）就指出幽默的研究是相當困難的，而且在多數對幽默的研究當中，所發現的結果往往是帶出更多有關幽默的問題，而不是對幽默的解答。由於幽默本身概念相當複雜、幽默的類型，以及幽默呈現型式等種類繁多，再者幽默本身也牽涉到不同的歷程。無怪乎 Shaughness 與 Wadsworth（1992）認為，目前文獻對幽默在諮商與心理治療情境的效果研究，無論在方法上或變項的界定仍顯粗略。尤其是連幽默的操作性定義，至今都不易建立起來，更增加幽默研究的困難度和不一致的結果（張景然，民83）。

二、代表幽默概念的變項很多

在諮商與心理治療領域中，較常被用來作為代表幽默的變項

有笑、幽默圖畫、卡通影片、幽默的矛盾對話等（Shaughness & Wadsworth, 1992）。這些變項或許能夠表示幽默概念的某些成分，然而這些變項是否真能掌握幽默的真實蘊涵？例如以幽默與笑的關係而言，似乎不是如此單純。Lafrance（1983）即指出「笑」似乎是一項最高的依變項。當它出現或未出現時，可以確定觀察者間信度將會很高；至於它的測量品質方面，則有多種可能的客觀性指標，包括時間的潛伏與持續，以及笑聲的廣度與強度。Lafrance 認為以笑作為依變項，最大的問題在於其效度。然而在幽默的操作定義上，卻又以少數且簡單的方式為之，似乎相當清楚，卻又禁不起考驗。同時又指出以微笑、笑（smiling-laughing），或自陳式的趣味性（self-reported funniness）來界定幽默，具有以下幾個問題：(1)此種操作化定義假定，在感受到的有趣性程度，以及可見的反應兩者之間，具有類質同像（isomorphism）的效果存在。即當個人笑得最大聲時，可能是最不好笑。相反地，當個人顯露最低程度的微笑時，可能是個人抑制趣味性的完全流露。這必須等到在適切的脈絡中才能被發覺。換言之，個人對幽默呈現時的反應程度，可能小於其在社會脈絡中的操作。(2)此種對幽默的操作化定義，可能造成研究者將幽默歸因於他們所認為的那些幽默的限制。

　　至於笑聲廣度的測量，也可能是這類事物的一種良好指標。藉著這種指標可以顯示出人們所笑的對象，但是不一定能顯露出他們所覺察到的幽默事物的範圍。有關於將微笑與笑兩者的關係，視為僅是程度的不同，而非種類的不同，此種見解也可能令研究者盲目地認為有不同類型的笑與微笑存在的可能。當這些不同類

型的笑彼此連結時，所有這些笑的類型即可能產生變化。

三、因測量個人幽默工具的缺乏，或因測量工具本身問題，所帶來的研究困難

Martin 與 Lefcourt（1984）指出，目前所發展出來以紙筆測驗方式來測量幽默，對於幽默的研究而言並非是適切的。其理由有二：(1)這些測驗將焦點集中在各類型幽默（如：攻擊、性、荒謬言行），而非針對幽默的一般傾向加以測量。換言之，在測量幽默時，均不理會幽默類型及其所包含的幽默種類為何。(2)這些測驗主要關心的是自陳式幽默鑑賞，而非日常生活中幽默的創造。同時他們也指出：目前多數研究幽默個別差異的現象，大都將焦點集中在幽默的某些向度，而非一般幽默建構。

有關幽默感方面，Eysenck 指出：一般對幽默感這個名詞的使用，至少有三種不同的方式：(1)一致性觀點（conformist sense）：強調不同個人對幽默題材欣賞方面類似的程度；(2)定量的觀點（quantitative sense）：談到的是個人常笑或微笑，以及個人容易被娛樂；(3)生產的觀點（productive sense）：焦點集中在個人說有趣故事的內容，以及娛樂其他人方面（Martin & Lefcourt, 1984）。Martin 與 Lefcourt（1984）根據這個觀點指出：多數研究者將焦點集中於幽默的一致性觀點。這類型的研究，若不是採用相關研究，就是藉著操弄環境變項，以觀察受試者對幽默題材的評量效果，或者結合兩種方式以進行研究，對於 Eysenck 所提到的定量與生產性的觀點缺乏注意。同時他們也表示：關於自陳式幽默感的測

量上，受測者較易反映出社會期望的偏差反應。

　　除了上述幽默概念複雜、代表幽默概念變項，以及測量工具缺乏或不適切所帶來的幽默研究上的困難之外，**在諮商與心理治療領域中，對幽默的研究上也有兩方面事實，可能造成對幽默研究的困難：其一，諮商員使用幽默技術對當事人的衝擊難以量化；其二，幽默本身概念屬於主觀性質**（Apte, 1983）。這兩項問題則與研究者所採用的研究方法較有關聯。

　　關於幽默的研究，雖然有前述所提到的困難，但由於幽默的特質使它能夠在諮商與心理治療的領域中占有一席之地。根據學者們指出，幽默在諮商與心理治療當中，可同時扮演多重角色，並能提供多重功能，因此，幽默在諮商與心理治療領域中的應用，是值得我們去探索的一個領域。

參考書目

一、中文部分

林瑞瑛 譯（民86）。揭發現實——刺激療法。台北縣：世茂。

張景然（民83）。幽默在諮商中之應用。諮商與輔導，101, 31-35頁。

陳學志（民80）。「幽默理解」的認知歷程。國立台灣大學心理研究所博士論文（未出版）。

陳金燕（民83）。輕鬆的言行審慎的心——談諮商情境中幽默感。測驗與輔導，125, 2554-2557頁。

賀孝銘與陳均姝（民84）。當事人對諮商員意圖之認知、及其對該知覺之思考歷程與諮商效果之關聯。國科會專案研究——諮商歷程與諮商效果之分析探討。

管秋雄（民88）。諮商歷程中諮商員意圖使用幽默技術之實證研究。國立彰化師範大學輔導系博士論文（未出版）。

鄭慧玲譯（民83）。幽默就是力量。台北市：遠流。

蕭文（民89）。幽默與諮商。學生輔導，68, 8-17頁。教育部。

蕭颯、王文欽與徐智策（民84）。幽默心理學。台北市：智慧大學。

二、英文部分

Apte, M. L. (1983). Humor research, methodology, and theory in anthropology. In McGhee, P. E., & Goldstein, J. H. (1983). Handbook of humor research, Vol.1. Basic issue. New York: Springer Verlag.

Aurora, S. (1990). Personality factors, creativity and regression–frustration as determinants of humor. Individual Journal of Psychology, 65 (1–4), 21–26.

Barlow, J. M., & Pollio, H. R., & Fine, H. J. (1977). Insight and figurative language in psychotherapy. Psychotherapy: Theory, Research and Practice, Vol.14, No.3, 212–222.

Bennett, C. E. (1996). An investigation of clients' perception of humor and its use in therapy. Unpublished Ph.D. Thesis, Texas Women's University.

Berlin, R. M., & Olson, M. E., & Cano, C. E., & Engel, S. (1991). Metaphor and psychotherapy. American Journal of Psychotherapy, Vol. XLV, No.3, 359–367.

Brodzinsky, D. M. (1977). Children's comprehension and appreciation of verbal jokes in relation to conceptual tempo. Child Development, 48, 960–967.

Brodzinsky, D. M. (1975). The role of conceptual tempo and stimulus characteristics in children's humor development. Developmental Psychology, 11, 843–849.

Brodzinsky, D. M., & Rightmeyer, J. (1976). Pleasure associated with cognitive mastery as related to children's conceptual tempo. Child Development, 47, 881–884.

Brown, P. E. (1980). Effectiveness of humorous confrontation in facilitating positive self–exploration by clients in an analogue study of therapy. Unpublished Ph.D. Thesis, University of Kentucky.

Cade, B. W. (1982). Humor and creativity. Journal of family therapy, 4, 35–42.

Cassell, J. A. (1974). The function of humor in the counseling process. Rehabilitation Counseling Bulletin, 17, 240–244.

Chapman, A. J., & Foot, H. C. (1996). Humor and laughter: Theory, Research and applications. London: Wiley & Sons, Ltd.

Crabbs, M. A., & Crabbs, S. K. & Goodman, J. (1986). Giving the gift of humor (ho,ho,ho): an interview with Joel Goodman. Elementary School Guidance and Counseling, 21 (2).

Davidson, L. F., & Brown, W. I. (1989). Using humor in counseling mentally retarded clients: a preliminary study. International Journal for the Advancement of Counseling, 12, 105–113.

Dimmer, S. A., & Carro, J. L. & Wyatt, G. K. (1990). Uses of humor in psychotherapy. Psychological Reports, 66. 795–801.

Dowd, E. T. & Milne, C. R. (1986). Paradoxical interventions in counseling. Psychologist, 14, 237–182.

Driscoll, R. (1987). Humor in pragmatic psychotherapy. In Fry, W. F., & Salameh, W. A. (Eds.). Handbook of humor and psychotherapy: Advances in the clinical use of humor (pp.127–148). Sarasota: Professional Resource Exchange, Inc.

Dunn, J. R. (1995). Identity and sense of humor: An interview with Walter, E. O'Connell. Humor and Health Journal Issue, Nov/Dec. 9–12.

Eastman, M. (1936). Enjoyment of laughter. New York: Simon & Schuster.

Ellis, A. (1987). The use of rational humorous songs in psychotherapy. In Fry, W. F., & Salameh, W. A (Eds.). Handbook of humor and psychotherapy: Advances in the clinical use of humor (pp.265–285). Sarasota: Professional Resource Exchange, Inc.

Ellis, A. (1977). Fun as Psychotherapy. Rational Living, Vol.12, No.1, 2–6.

Elliot, R., Hill, C. E., Stiles, W. B., Friedlander, M. L., Mahrer, A. R., & Margison, F. R. (1987). Primary response modes: A comparison of six rating systems. Journal of Consulting and Clinical Psychology, 55, 218–233.

Elliot, R. (1985). Helpful and non–helpful events in brief counseling interviews: An empirical taxonomy. Journal of Counseling Psychology, 32, 307–322.

Elliot, R. (1984). A discovery–Oriented approach to significant change events in Psychotherapy: Interpersonal Process Recall and Comprehensive Process Analysis. In L. N. Rice Greenberg (Eds.), Patterns of change: Intensive analysis of Psychotherapy process (pp.249–286). New York: Guilford.

Elliot, R. (1983). "That in you hands". A comprehensive process analysis of significant events in psychotherapy. Psychiatry, 146, 113–129.

Falk, D. R., & Hill, C. E. (1992). Counsel or interventions preceding client laughter in brief therapy. Journal of Counseling in Psychology, Vol.39, No.1, 39−45.

Farrely, F., & Brandsma, J. (1997). Provocative therapy. Meta Publications.

Farrely, F., & Lynch, M. (1987). Humor in provocative therapy. In Fry, W. F., & Salameh, W. A (Eds.). Handbook of humor and psychotherapy: Advances in the clinical use of humor (pp.81−06). Sarasota: Professional Resource Exchange, Inc.

Fay, A. (1976). Clinical notes on paradoxical therapy. Psychotherapy: Theory, Research and Practice, 13 (2), 118−122.

Fine, G. A. (1983). Sociological approaches to the study of humor. In McG hee, P. E., & Goldstein, J. H. (Eds.). Handbook of humor research, Vol.1. Basic issue. New York: Springer Verlag.

Foster, J. A. (1978). Humor and counseling: close encounters of another kind. Personnel and Guidance Journal, September, 46−49.

Foster, J. A., & Reid, J. (1983). Humor and its relationship to students' assessments of the counselor. Canadian Counselor, Vol.17, No.3, 124−129.

Frankl, V. E. (1975). Paradoxical intention and de−reflection. Psychotherapy: Theory, Research and Practice, Vol.12, No.3, 226−237.

Fry, W. F., & Salameh, W. S. (1987). Handbook of humor and psychotherapy: Advances in the clinical use of humor. Sarasota: Professional Resource Exchange Inc.

Gladding, S. T. (1991). Play and humor in Counseling. Counseling as an art: The creative arts in counseling. (ERIC Documents Reproduction Service. No. ED 3340984)

Goodman, J. (1983). How to get more smileage out of your life: making sense of humor, then serving it. In McGhee, P. E., & Goldstein, J. H. (Eds) Handbook of humor research, Vol.2. Applied Studied.(pp. 1−23). New York: Springer Verlag.

Greenberg, L. S. (1986). Change process research. Journal of Counse-ling and Clinical Psychology, Vol.54, No.1, 4−9.

Greenwaed, H. (1975). Humor in psychotherapy. Journal of Contempor-ary Psychotherapy, 7, 113−116.

Greenwald, H. (1987). The humor dicision. Fry, W. F. & Salameh, W. A (1987) Handbook of humor and psychotherapy. Advances in the clini-cal vse of humor. (pp.41−54). Sarasota: Processional Resource Ex-change Inc.

Grotjahn, M. (1971). Laughter in group psychotherapy. International of Group Psychotherapy, 21, 234−238.

Haig, R. (1986). Therapeutic uses of humor. American Journal of Psy chotherapy, Vol.XL, No.4, 543−553.

Heppner, P. P., & Kivlighan, D. M., & Wampold, B. E. (1992). Process re-search. In Heppner, P. P. & Kivlighan, D. M., & Wampold, B. E. Re-search Design in Counseling, Brooks/Cole Publishing Company. Pa-cific Grove, CA. Clinical Psychology, Vol.58, No.3, 288−294.

Hill, C. E., & Corbett, M. M. (1993). A perspective on the history of pro-cess and outcome research in counseling psychology. Journal of

Counseling Psychology, Vol.40, No.1, 3−24.

Hill, C. E., Helms, J. E., Spiegel, S. B., & Tichenor, V. (1988). Development of a System for categorizing client reactions to therapist interventions. Journal of Counseling Psychology, Vol.35, No.1, 27−36.

Hill, C. E., & O'Grady, K. E. (1985). List of therapist intentions illustrated in a case study and with therapists of varying theoretical orientations. Journal of Counseling Psychology, Vol.32, No.1, 3−22.

Hill, C. E. (1978). Development of a counsel or verbal response category system. Journal of Counseling Psychology, Vol.25, No.5, 461−468.

Huber, C. H. (1978). Humor: a key to counseling the involuntary referral. School Counselor, 26 (1), 9−12.

Kelly, W. K. (1983). Everything you always want to know about using humor in education but were afraid to laugh. The educational resources information center. (ERIC Documents Reproduction Service No. ED 232381)

Kerrigan, J. F. (1983). The perceived effect of humor on six facilitative therapeutic conditions. Unpublished Ph.D. Thesis, The University of Arizona.

Killinger, B. (1987). Humor in psychotherapy: a shift to a new perspective. In Fry, W. F. & Salameh, W. S. (Eds). Handbook of humor and psychotherapy: Advances in the clinical use of humor (pp.21−40). Sarasota: Professional Resource Exchange Inc.

Koelln, J. M. (1987). A phenomenological investigation of humor in psychotherapy. Unpublished Ph.D. Thesis, The University of Tennessee.

Kubie, L. S. (1971). The destructive potential of humor in psychotherapy. American Journal of Psychiatry, 127. 861-866.

Kuhlman, T. L. (1994). Humor and psychotherapy. Jason Aronson Inc.

Lafrance, M. (1983). Felt versus feigned funniness: issues in coding smiling and laughing. In McGhee, P. E., & Goldstein, J. H. (Eds.) Handbook of humor research, Vol.1. Basic issue. (1-12). New York: Springer Verlag.

Leone, R. E. (1986). Life after laughter: one perspective. Elementary School Guidance and Counseling, 21 (2).

Madanes, C. (1984). Finding the humorous alternative. Cloe' Madanes. Behind the one-way mirror advances in the practice of Therapy.CA: Jossey-Bass, Inc., Publishers. San Francisco.

Marcus, N. N. (1990) Treating those who fail to take themselves seriously: pathological aspects of humor. American Journal of Psychotherapy, Vol.XLIV, No.3, 423-432.

Marmar, C. R. (1990) Psychotherapy process research: progress, dilemmas, and future directions. Journal of Counseling and Clinical Psychology, Vol.58, No.3, 265-272.

Martin, J. (1984). The cognitive mediational paradigm for research on counseling. Journal of Counseling Psychology, 31, 558-572.

Martin, R. A., & Lefcourt, H. M. (1984). Situational humor response questionnaire: quantitative measure of sense of humor. Journal of Personality and Social Psychology, Vol.47, No.1, 145-155.

Martin, R. A., & Lefcourt, H. M. (1983). Sense of humor as a moderator of the relation between stressors and moods. Journal of Personality and Social Psychology, Vol.45, No.6, 1313－1324.

McGhee, P. E., & Goldstein, J. H. (1983) Handbook of humor research: Vol.1. Basic issue. New York: Springer Verlag.

McGhee, P. E. & Goldstein, J. H. (1983) Handbook of humor research: Vol. 2. Applied studied. New York: Springer Verlag.

McGhee, P. E. (1983). The role of arousal and hemispheric lateralization in humor. In McGhee, P. E., & Goldstein, J. H. (Eds.) Hand-book of humor research, Vol.1. Basic issue. (pp.13－38). New York: Springer Verlag.

McGhee, P. E. (1979). Humor, its origin and development. San Francisco: W. H. Freeman and company.

Megdell, J. I. (1984). Relationship between counselor－initiated humor and client's self－perceived attraction in the counseling interview. Psycho-therapy, Vol.21, No.4, 517－523.

Mindess, H. (1996). The use and abuse of humor in psychotherapy. In Chapman, A. J. & Foot, H. C., (Eds), Humor and Laughter: Theory, research, and application, 331－341.

Mosak, H. H. (1987). Ha Ha and Aha. The role of humor in psychotherapy. Munci, IN: Accelerated Development, Inc. Publishers.

Ness, M. E. (1989). The use of humorous journal articles in counselor tra-ining. Counselor Education and Supervision, Vol.29, 35－43.

Nevo, O. (1986). Uses of humor in career counseling. Vocational Guidance Quarterly, 34, 188－196.

Newton, G. R., & Dowd, E. T. (1990). Effect of client sense of humor and paradoxical interventions on test anxiety. Journal of Counseling and Development, 68, 668−673.

Nezu, A. M., & Zezu, C. M., & Blissett, S. E. (1988). Sense of humor as a moderator of the relation between stressful events and psychological distress: a prospective analysis. Journal of Personality and Psychology, Vol.54, No.3, 520−525.

O'Brien, C. R., & Johnson, J., & Miller, B. (1978). Cartoons in Counseling. Personnel and Guidance Journal, September, 55−56.

O'Connell, W. E. (1987). Natural high psychospirituality: stalking shadows with "Childlike foolishness". Individual psychology, Vol.43, No.4, 502−508.

Olson, L. K. (1996) Humor in therapy an analysis of its uses and its benefits. Unpublished Ph.D. Thesis, The California School of Professional Psychology.

Olson, J. M. (1992). Self−perception of humor: evidence for discounting and augmentation effects. Journal of Personality and Social Psychology, Vol.62, No.3, 369−377.

O'Maine, R. A. (1994). A training program to acquaint clinicians with the use of humor in psychotherapy. Unpublished Ph.D. Thesis, Spalding University.

Omer, H. (1990). Enhancing the impact of therapeutic interventions. American Journal of Psychotherapy, Vol.XLIV, No.2, 218−231.

Pinegar, P. W. (1984). Client self−exploration and humor in

psychotherapy. Unpublished Ph.D. Thesis, Kent State University.

Pinsof, W. (1989). A conceptual framework and methodological criteria for family therapy process research. Journal of Consulting and Clinical Psychology, 57, 53−59.

Poland, W. S. (1971). The place of humor in psychotherapy. American Journal of Psychiatry, 128(5), 635−637.

Pollio, D. E. (1995). Use of humor in crisis intervention. Families in Society: The Journal of Human Services, June, 376−384.

Powell, J. P., & Andresen, L. W. (1985). Humor and teaching in higher education. Studies in Higher Education, 10, 79−90.

Prerost, F. J. (1983). Promoting student adjustment to college: a counseling technique utilizing humor. The Personnel and Guidance Journal, December, 222−225.

Reynes, R. L., & Allen, A. (1987). Humor in psychotherapy: a view. American Journal of Psychotherapy, 41, 260−270.

Richman, J. (1996). Jokes as a projective technique: the humor of psychiatric patients. American Journal of Psychotherapy, Vol.50, No.3, 336−346.

Rosenheim, E., & Golan, G. (1986). Patients'reactions to humorous intervention in psychotherapy. American Journal of Psychotherapy, 40, 110−124.

Rosenheim, E. (1974). Humor in psychotherapy: an interactive experience. American Journal of Psychotherapy, 28, 584−591.

Rossel, R. D. (1981). Chaos and control: attempts to regulate the us of humor in self−analytic and therapy groups. Small group Behavior, Vol.12, No.2, 195−219.

Rothbart, M. K. (1996). Incongruity, problem−solving and laughter. In A. J. Chapman & H. C. Foot (Eds.), Humor and laughter: Theroy research and applications. (pp.37−54). New Brunswick: Transaction Publishers.

Rule, W. R. (1977). Increasing self−modeled humor. Rational Living, Vol. 12, No.1, 7−9.

Russel, R. L., & Stiles, W. B. (1979). Categories for classifying language in psychotherapy. Psychological Bulletin, 86, 404−419.

Salameh, W. A. (1983). Humor in psychotherapy: past outlook, present status, and future frontiers. In McGhee, P. E., & Goldstein, J. H. Handbook of humor research, Vol.2. Applied studied. New York: Springer Verlag.

Salameh, W. A. (1987). Co−authored with Fry, W. F., Handbook of humor and Psychoyherapy, 195−240. Sarasota, FL: Professional Resources Exchange, Inc.

Salisbury, W. D. (1990). A study of humor in counseling among Adler-ian therapys: A statistical research project. Unpublished Ph.D. The Union for Experimenting Colledge and Universities.

Sands, S. (1984). The use of humor in psychotherapy. Psychoanalytic Review, 61, 591−606.

Schnarch, D. M. (1990). Therapeutic uses of humor in psychotherapy. Journal of family psychotherapy, Vol.1 (1), 75−86.

Shaughnessy, M. F., & Wadsworth, T. M. (1992). Humor in counseling and psychotherapy: a 20-year retrospective. Psychological Reports, 70, 755-762.

Shultz, T. R. (1996). A cognitive-developmental analysis of humor. In A. J. Chapman & H. C. Foot (Eds.), Humor and laughter: Theroy research and applications. (pp.11-36). New Brunswick: Transaction Publishers.

Sluder, A. W. (1986). Children and laughter: the elementary school counselor's role. Elementary School Guidance and Counseling, 21, 120-127.

Sonntag, N. (1985). Cartooning as a counseling approach to a social isolated child. The school counselor, March. 307-312.

Steven, M. S. (1997). Survival of the Witty-est; Creating resilience through humor. //www.humormatters.com/resilience.htm. Originally published in Therapeutic Humor, Publication of the American Association for Therapeutic Humor, Fall.

Steven, M. S. (1995). Using humor in crisis situations. //www.humormatters.com/ crisis.htm.

Steven, M. S. (1994a). Choosing to be amusing; Assessing an individual's receptivity to therapeutic humor. //www.humormatters. com. Originally published in the Journal of Nursing Jocularity, Winter, Vol.4, No. 4, p.34-35.

Steven, M. S. (1994b). Taking humor seriously in the workplace. //www. humormatters.com/ workplace.htm.

Steven, M. S. (1992a). The impact of humor in the counseling relationship. //www.humormatters.com. Originally published in Laugh it up, publication of the American Association for Therapeutic Humor, July/ August, p.1.

Steven, M. S. (1992b). Using humor in the counseling relationship. //www. humormatters.com. Originally published in Laugh it up, publication of the American Association for Therapeutic Humor, May/June, p.1.

Steven, M. S. (1992c). Larry, more, and curly jest for perspective. //www. humormatters.com/aidshumo.htm.

Strean, H. S. (1993). Jokes: their purpose and meaning. Jason Aronson Inc. New Jersey.

Strupp, H. H. (1988). What is therapeutic change ? : Response to discussants. Journal of Cognitive Psychotherapy: An International Quarterly, Volume 2, Number 2.

Strupp, H. H. (1986). Research, practice, and public policy (how to avoid dead ends). American Psychologist, 41, 120-130.

Suls, J. (1983). Cognitive processes in humor appreciation. In McGhee, P. E., & Goldstein, J. H. Handbook of humor research, Vol.2. Applied studied. (pp.39-58). New York: Springer Verlag.

Titze, M. (1987). The"conspirative method": applying humoristic inversion in psychotherapy. In Fry, W. F., & Salameh, W. S. (Eds). Handbook of humor and psychotherapy: Advances in the clinical use of humor (pp. 266-286). Sarasota: Professional Resource Exchange Inc.

Ventis, W. L. (1987). Humor and laughter in behavior therapy. In Fry, W. F.

& Salameh, W. S. (Eds). Handbook of humor and psychotherapy: Advances in the clinical use of humor (pp.149−170). Sarasota: Professional Resource Exchange Inc.

Webster's New Collegiate Dictionary (1984). Springfield, Mass. : G. & C. Merriam Co., (p.492).

Wierzba, J. D. (1989). Bridging the gap−Counseling strategies in a" Cross−cultural context". The educational resources information center. (ERIC Documents Reproduction Service. No. ED 321916)

Wilson, C. P. (1979). Jokes forms, content, use and function. New York: Academic Press.

Yovetich, N. A., & Dale, J. A. & Hudak, M. A. (1990). Benefits of humor in reduction of threat−induced anxiety. Psychological Reports, 66, 51−58.

Zillman, D., & Canter, J. A. (1996). A dispositional theory of humor and mirth. In A. J. Chapman & H. C. Foot (Eds.), Humor and laughter: Theroy research and applications. (pp.93−116). New Brunswick: Transaction Publishers.

Zillman, D. (1983). Disparagement humor.In P. E. McGhee & J. H. Goldstein (Eds.), Handbook of humor research, Vol.1, (pp.85−108).New York: Springer−Verlag.

國家圖書館出版品預行編目資料

幽默諮商／管秋雄著.--初版.--臺北市：
心理, 2002（民 91）
面；　公分.--（輔導諮商；44）
含參考書目：面
ISBN　978-957-702-550-0（平裝）

1. 諮商　　　　　　　　2. 幽默論

178.4　　　　　　　　　　　　91021825

輔導諮商 44　幽默諮商

作　　者：管秋雄
總 編 輯：林敬堯
發 行 人：洪有義
出 版 者：心理出版社股份有限公司
社　　址：台北市和平東路一段 180 號 7 樓
總　　機：(02) 23671490　傳　真：(02) 23671457
郵　　撥：19293172　心理出版社股份有限公司
電子信箱：psychoco@ms15.hinet.net
網　　址：www.psy.com.tw
駐美代表：Lisa Wu　tel: 973 546-5845　fax: 973 546-7651
登 記 證：局版北市業字第 1372 號
印 刷 者：翔盛印刷有限公司
初版一刷：2002 年 12 月
初版二刷：2007 年 5 月

讀者意見回函卡

No. _____　　　　　　　　　　　　填寫日期：　年　月　日

感謝您購買本公司出版品。為提升我們的服務品質，請惠填以下資料寄回本社【或傳真(02)2367-1457】提供我們出書、修訂及辦活動之參考。您將不定期收到本公司最新出版及活動訊息。謝謝您！

姓名：_____　　性別：1□男　2□女

職業：1□教師 2□學生 3□上班族 4□家庭主婦 5□自由業 6□其他____

學歷：1□博士 2□碩士 3□大學 4□專科 5□高中 6□國中 7□國中以下

服務單位：_____　部門：_____　職稱：_____

服務地址：_____　電話：_____　傳真：_____

住家地址：_____　電話：_____　傳真：_____

電子郵件地址：_____

書名：_____

一、您認為本書的優點：（可複選）

　　❶□內容 ❷□文筆 ❸□校對 ❹□編排 ❺□封面 ❻□其他____

二、您認為本書需再加強的地方：（可複選）

　　❶□內容 ❷□文筆 ❸□校對 ❹□編排 ❺□封面 ❻□其他____

三、您購買本書的消息來源：（請單選）

　　❶□本公司 ❷□逛書局⇨_____書局 ❸□老師或親友介紹

　　❹□書展⇨____書展 ❺□心理心雜誌 ❻□書評 ❼其他_____

四、您希望我們舉辦何種活動：（可複選）

　　❶□作者演講 ❷□研習會 ❸□研討會 ❹□書展 ❺□其他____

五、您購買本書的原因：（可複選）

　　❶□對主題感興趣 ❷□上課教材⇨課程名稱_____

　　❸□舉辦活動　❹□其他_____　　　（請翻頁繼續）

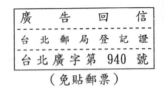

廣　告　回　信
台 北 郵 局 登 記 證
台 北 廣 字 第 940 號

（免貼郵票）

 心 理 出 版 社 股份有限公司

台北市 106 和平東路一段 180 號 7 樓

TEL: (02) 2367-1490
FAX: (02) 2367-1457
EMAIL:psychoco@ms15.hinet.net

沿線對折訂好後寄回

六、您希望我們多出版何種類型的書籍

　❶□心理　❷□輔導　❸□教育　❹□社工　❺□測驗　❻□其他

七、如果您是老師，是否有撰寫教科書的計劃：□有□無

　書名／課程：＿＿＿＿＿＿＿＿＿＿＿＿＿＿＿＿

八、您教授／修習的課程：

上學期：＿＿＿＿＿＿＿＿＿＿＿＿＿＿＿＿＿＿＿

下學期：＿＿＿＿＿＿＿＿＿＿＿＿＿＿＿＿＿＿＿

進修班：＿＿＿＿＿＿＿＿＿＿＿＿＿＿＿＿＿＿＿

暑　假：＿＿＿＿＿＿＿＿＿＿＿＿＿＿＿＿＿＿＿

寒　假：＿＿＿＿＿＿＿＿＿＿＿＿＿＿＿＿＿＿＿

學分班：＿＿＿＿＿＿＿＿＿＿＿＿＿＿＿＿＿＿＿

九、您的其他意見

謝謝您的指教！　　　　　　　　　　　　　　21044